COURS DE [illegible]ES LATINS,

DESTINÉS

[illegible] LES ÉLÈVES DE QUATRIÈME

[illegible] DE LA SYNTAXE

[illegible] DU LATIN DE CÉSAR

PAR

[illegible],

[illegible] ET LETTRES,
[illegible] DE NAMUR.

[illegible] AU CONCOURS

[illegible]

[illegible]

COURS

DE

THÈMES LATINS.

COURS DE THÈMES LATINS,

DESTINÉS

A FORMER LES ÉLÈVES DE QUATRIÈME
A L'APPLICATION DES RÈGLES DE LA SYNTAXE
ET A L'IMITATION DU LATIN DE CÉSAR.

PAR

O. HENNEBERT,

DOCTEUR EN PHILOSOPHIE ET LETTRES,
PROFESSEUR A L'ATHÉNÉE ROYAL DE NAMUR.

OUVRAGE QUI A OBTENU LE PRIX AU CONCOURS institué par l'arrêté royal du 27 décembre 1856.

LIÉGE,
H. DESSAIN, IMPRIMEUR-LIBRAIRE,
RUE TRAPPÉ.

1861.

AVANT-PROPOS.

Un arrêté royal du 27 décembre 1856 mit au concours le texte français d'un cours de thèmes latins pour les élèves de quatrième, et un arrêté ministériel du 31 décembre de la même année arrêta, ainsi qu'il suit, les conditions à remplir.

« L'auteur se prescrira un double but : former les élèves à l'application des règles de la syntaxe et à l'imitation du latin de César.

Chaque thème sera consacré à l'application simultanée d'un certain nombre de règles. Celles qui ont fait l'objet d'un thème ne pourront être abandonnées ensuite ; on y reviendra dans tout le cours de l'ouvrage, et d'autant plus souvent qu'elles sont d'une application plus difficile et d'un usage plus fréquent.

L'auteur supposera que les élèves, en commençant la traduction de son cours, ont expliqué la moitié du premier livre de César, *De bello gallico*, et que cette explication continue à mesure que la traduction des thèmes avance.

Les 50 premiers thèmes porteront sur le premier livre, les 100 thèmes suivants sur le premier et le deuxième, et les 50 derniers sur les parties les plus intéressantes des autres livres.

Pour faciliter l'imitation du langage de César, le livre se composera de récits, descriptions, discours, etc., sur des matières analogues à celles qui font l'objet de l'ouvrage latin. Il n'est pas requis que chaque thème porte sur un sujet complet et séparé.

L'auteur n'atteindrait pas le but du concours s'il n'avait en vue que de faire calquer des phrases faciles à retrouver, sans autre travail intellectuel que le remplacement de quelques mots ou le changement de certaines désinences; il faut qu'il fournisse aux élèves l'occasion de reproduire, non des phrases presque complètes, mais des locutions, des tournures de phrases de César et en général ce qui caractérise la latinité de cet écrivain; il faut que les éléments de chaque thème, et, pour ainsi dire, de chaque phrase, soient disséminés dans toute la partie expliquée de l'ouvrage latin, et ne se reproduisent pas dans un passage déterminé; en un mot, que la traduction suppose une étude attentive du modèle, et nécessite les efforts d'intelligence et de mémoire qu'on peut demander aux élèves de quatrième. »

Il suffit de jeter un coup-d'œil sur ces lignes pour se convaincre de l'utilité du but à atteindre. Depuis longtemps les professeurs qui s'occupent de l'enseignement du latin par l'imitation des auteurs, réclamaient un ouvrage qui pût leur servir de guide et leur faciliter la besogne. Nous avons essayé de surmonter les difficultés d'exécution que présentait cette tâche, et le Gouvernement a daigné récompenser nos efforts. Puisse l'opinion publique ratifier cette décision.

Suivant les conditions du programme, le 1er thème porte sur les 10 premiers chapitres du 1er livre de la guerre des Gaules, le 2e en embrasse 15 et ainsi de suite, de telle manière que les 50 premiers thèmes roulent sur tout le 1er livre. Les thèmes 51 à 150 suivent un à un les chapitres du 2e livre sans abandonner le 1er. Enfin, les 50 derniers thèmes comprennent successivement le 4e et le 5e livre.

Quant à l'application des règles de la syntaxe, nous nous sommes astreint à suivre pas à pas la grammaire de M. Gantrelle, inspecteur de l'enseignement moyen. Outre que cette grammaire est la plus exacte et la plus complète que nous connaissions, c'est aussi celle dont l'usage est le plus général dans notre pays.

Comme nous écrivions pour des élèves initiés déjà aux éléments de la langue latine, nous avons cru bien faire de leur présenter simultanément deux règles à appliquer : une règle d'accord ou de subordination des mots et une règle concernant les relations des propositions.

C'est cette disposition qui nous a permis de prendre un sujet unique, une histoire complète se déroulant sans interruption dans toute la série de nos exercices. Nous avons pris pour matière la première de ces expéditions en terre sainte, auxquelles nos pères ont pris une part si glorieuse. Raconter les principaux faits de la première croisade, c'était retracer une des plus belles périodes de notre histoire nationale.

COURS

DE

THÈMES LATINS.

THÈME 1.

1° Emploi du mode **indicatif.** — Gantrelle, 141.
2° Accord de l'**attribut** et du **sujet.** — Gantr. 80.

— César I, 1-10. —

Vers l'an 1080 après J.-C., l'empereur d'Orient Alexis envoya des ambassadeurs à la plupart des souverains d'Europe, implorant leur appui contre les Turcs. Ces barbares, terreur des peuples chrétiens, regardaient comme trop étroites des frontières qui comprenaient déjà la Syrie, l'Egypte, la Perse, la côte septentrionale de l'Afrique et une partie de l'Espagne. Plusieurs milliers d'entre eux, poussés par la soif du sang, étaient sortis de leurs territoires et avaient porté la guerre, cet horrible fléau, dans l'Asie mineure, pays alors placé sous le pouvoir de l'empereur de Byzance. Déjà ils occupaient les uns la Syrie, les autres la Cilicie, ceux-ci la Phrygie, ceux-là la Bithynie, et presque chaque jour ils en venaient aux mains avec les malheureux habitants de ces contrées. Leur intention était de traverser le Bosphore de Thrace, détroit qui sépare l'Asie de l'Europe ; ils croyaient aisé de soumettre l'empire d'Orient et de là toute l'Europe. Alexis engageait donc les princes chrétiens, ses frères, à lever des troupes, à se liguer contre les Turcs, cet ennemi commun, à les repousser des confins de l'empire, et même à envahir leur nouvelle demeure, les provinces de l'Asie mineure.

En même temps un moine, Pierre l'ermite, se charge d'une mission sainte auprès des diverses nations de l'Europe. Dans ce voyage il leur fait connaître les tourments auxquels est soumise la multitude des fidèles qui, guidés par une foi courageuse, vont visiter le tombeau du Christ. Il leur persuade de courir aux armes et de reprendre ces pays que leurs frères d'Orient ont autrefois occupés.

Dans un concile tenu à Clermont en 1095, sous le pontificat d'Urbain, la guerre sainte fut résolue ; un grand nombre de princes se lièrent par la foi du serment, et le départ des premières troupes fut fixé à l'année suivante.

THÈME 2.

1° **Infinitif** seul, complément. — Gantr. 161.
2° Accord de l'**attribut** et du **sujet**. — Gantr. 80.

— César I, 1-15. —

Dès que cette nouvelle eut été annoncée, dans la plupart des contrées de l'Europe, les grands et le peuple, entraînés par la chaleureuse éloquence de Pierre l'ermite, commencèrent à préparer tout ce qui était nécessaire pour leur départ. Les grands levaient des soldats, achetaient des armes et des chevaux, vendaient leurs terres ou les louaient pour plusieurs années ; des hommes de toute condition s'apprêtaient à les suivre.

Il y avait plusieurs chemins par lesquels les guerriers pouvaient se rendre à Constantinople ; ils se décident, à cause de leur multitude trop grande, à se diriger les uns d'un côté, les autres de l'autre ; ils désignent une époque à laquelle les uns et les autres se réuniront sur les rives du Bosphore.

Cependant une foule de Chrétiens qui suivaient Pierre l'ermite, résolurent de partir sans retard et de prendre le saint prêtre pour chef. Son caractère, sa vie pure, sa parole éloquente pouvaient beaucoup sur eux ; ils surent le persuader, il consentit ; il osa se mettre à leur tête couvert de son manteau de laine, la tête nue, et monté sur la mule avec laquelle il avait parcouru l'Europe. Cent mille hommes à peu près partirent des bords de la Meuse et de la Moselle, et se dirigèrent vers l'Allemagne. Des femmes, des vieillards, des enfants, des pèlerins sans armes suivaient l'armée; un corps nombreux de cavaliers, sous le commandement de Gauthier sans avoir, précédait cette multitude.

L'un et l'autre corps purent passer heureusement le Rhin ; ils associèrent même à leur entreprise des peuples qui habitaient au delà de ce fleuve. Ils traversèrent ainsi tout le territoire allemand ; mais sur les bords de la Morava et du Danube ils trouvèrent de terribles ennemis.

THÈME 3.

1° **Infinitif** seul, complément. — Gantr. 161.
2° Accord de l'**adjectif** et du **substantif**. — Gautr. 81.

— César I, 1-20. —

Les Hongrois et les Bulgares, nations d'origine asiatique et ennemies du nom chrétien, tentèrent successivement de leur barrer le passage, et osèrent leur refuser des secours et du pain. Gauthier et ses cavaliers furent d'abord forcés de supporter patiemment les injures et les outrages des barbares Hongrois; ils arrivèrent presque mourants de faim dans le pays des Bulgares. Le gouverneur de Belgrade, ville située sur le fleuve du Danube, suivant l'exemple des Hongrois, ne crut pas devoir leur accorder des vivres ; il ne voulait pas même leur donner la permission de traverser le territoire de la ville, et « s'ils voulaient, disait-il, passer malgré lui, il les en empêcherait. » Ils se mirent alors à ravager les campagnes, à voler les troupeaux, à incendier les maisons, à tuer ceux qui voulaient s'opposer à leurs brigandages.

Les Bulgares irrités prirent les armes, et attaquant à l'improviste les Chrétiens chargés de butin, ils en tuèrent un grand nombre. Le reste voulut résister : cent quarante se réfugièrent dans une église, mais ils y trouvèrent la mort, car les Bulgares mirent le feu à l'édifice, et vengèrent ainsi non seulement leurs injures personnelles, mais aussi celles de leur patrie.

Quelques cavaliers échappés seuls au massacre général, se rassemblèrent autour de Gauthier et cherchèrent avec lui leur salut dans la fuite. Toujours courant par le chemin le plus court à travers des solitudes et des forêts, ils parvinrent enfin à Nissa; c'est la première ville à la sortie du pays des Bulgares, au-delà du Danube. Là le gouverneur touché de compassion, leur fit donner les vivres et les vêtements nécessaires.

THÈME 4.

1° **Infinitif** seul, complément. — Gantr. 161.

2° Accord de **l'adjectif relatif** ou **démonstratif** avec le **substantif.** — Gantr. 81.

— César I, 1-27. —

Les cavaliers qui fuyaient avec Gauthier commencèrent alors à reconnaître les fautes dont ils s'étaient rendus coupables. Suivant l'exemple et les usages des nations les plus barbares, ils avaient ravagé des champs, coupé des moissons, incendié des villages ; ils avaient attaqué à l'improviste des villageois sans défense, à qui ils n'avaient laissé que le sol de leurs champs. Dieu qui avait voulu oublier leurs péchés passés, ne pouvait oublier des faits plus récents ; il avait résolu de les punir des crimes qu'ils avaient commis. Autant les crimes avaient été grands, autant l'était le châtiment.

Ils se résolurent donc à marcher désormais en avant sans faire aucun dégât. Tous autant qu'ils étaient, ils avaient la ferme intention d'obéir désormais à ceux qui tenaient parmi eux le premier rang, de ne rien faire sans leur ordre.

Enfin, après deux mois de fatigue et de souffrances, ils arrivèrent auprès de Constantinople, ville dans laquelle Pierre l'ermite leur avait dit de se rendre et d'attendre son arrivée. Ils envoyèrent à l'empereur Alexis, pour lui demander asile, une députation dont le chef était Gauthier lui même. Alexis leur accorda sans difficulté la permission de séjourner dans le pays, et Gauthier se hâta de distribuer ses cavaliers dans les campagnes environnantes.

Déjà Pierre l'ermite avait fait traverser à ses troupes la Bavière et l'Autriche, et était entré en Hongrie. Jusque là aucune troupe ennemie n'était venue le harceler. Il contenait l'ardeur des siens et avait coutume de s'opposer au pillage, aux dévastations qu'ils auraient pu commettre. Mais bientôt Pierre voit les lieux dans lesquels avaient été égorgés un certain nombre des cavaliers qui avaient pris les devants. Plus loin arrivé devant les murs d'une ville importante des Hongrois, il remarque suspendues à la porte les dépouilles de seize guerriers chrétiens.

THÈME 5.

1° **Infinitif** seul, complément. — Gantr. 101.

2° Accord de **l'adjectif relatif** ou **démonstratif** avec le **substantif**. — Gantr. 81.

— César I, 1-30. —

A cette vue, il ne peut contenir l'indignation des siens. Cette ville qui la première a fait éprouver une si grande perte à la cause chrétienne sera punie la première. Cependant toute la population effrayée s'était hâtée d'abandonner la ville et de se réfugier sur une colline voisine où elle se tenait cachée dans une retraite protégée d'un côté par les eaux du Danube, de l'autre par des forêts épaisses et des rochers escarpés. Les Chrétiens furieux osèrent les poursuivre et en venir aux mains avec eux dans ce lieu désavantageux ; quatre cents Hongrois y succombèrent et furent précipités dans le fleuve.

A la nouvelle de ce désastre, toute la nation hongroise courut aux armes. Coloman leur roi rassembla une armée de cent mille hommes, qui marcha à grandes journées vers la ville dont les Chrétiens faisaient leur séjour.

Mais ces hommes qui, trois jours auparavant avaient attaqué l'ennemi avec tant d'ardeur, n'osèrent point attendre les nouveaux assaillants. Pierre ne put leur persuader d'essayer de se défendre derrière les murailles de la ville ; ils renoncèrent à cette tentative. Abandonnant la ville, ils se hâtèrent de traverser la Morava et d'entrer dans le pays des Bulgares.

Mais ce qui s'opposait à la marche de l'armée, c'est que, à la nouvelle de son approche, les Bulgares épouvantés avaient déserté les villes et les villages, incendié les moissons, tué les bestiaux, et s'étaient allés cacher dans les montagnes. En vain Pierre essaya s'il ne pourrait les ramener par des paroles de paix et de conciliation ; l'armée sans vivres, sans guides, fit en un mois une route qu'elle aurait pu faire en dix jours, et n'arriva qu'à grand'peine aux portes de Nissa.

THÈME 6.

1° **Infinitif** seul, complément. — Gautr. 161.
2° Emploi du **nominatif.** — Gautr. 82.

— César I, 1-31. —

Les Chrétiens forcés par le manque absolu de toutes choses, demandèrent des vivres au gouverneur de la ville ; ils annoncèrent que leur intention était de ne pas s'y arrêter et de la traverser sans commettre aucun dégât. Le Bulgare voulut être juste et paraître compatissant envers des hommes qui passaient pour très-vaillants : il leur accorda ce qu'ils demandaient et il le fit surtout parcequ'il ne voulait pas que son peuple fût traité comme l'avaient été les Hongrois.

Il y avait dans l'armée chrétienne quelques hommes perdus et adonnés à tous les vices. Ils paraissaient plutôt désireux de pillage et de rapine qu'amis de la religion. Une querelle s'étant élevée entre une centaine de ces hommes et quelques marchands indigènes, les premiers pour se venger mirent le feu à plusieurs édifices. A la nouvelle de ce crime dont toute l'armée devait paraître complice, les habitants de Nissa se précipitent hors de leurs murs et attaquent l'arrière garde de l'armée, (car Pierre ignorant ce qui se passait, avait déjà donné le signal du départ). Apprenant cette attaque imprévue des Bulgares, Pierre l'ermite se montre homme de cœur; il ordonne à toute l'armée de rebrousser chemin. On combattit avec ardeur sous les murs mêmes de la ville ; mais la victoire ne parut pas longtemps incertaine. Les Chrétiens qui sans s'arrêter s'étaient élancés sur les ennemis, ne purent à leur tour soutenir l'attaque des Bulgares. Ils reculent une première fois, mais ne se croient pas vaincus ; ils reviennent à la charge et recommencent le combat. Bientôt les ennemis les enveloppent de toute part; les uns affaiblis par leurs blessures sont égorgés, les autres cherchent leur salut dans la fuite.

THÈME 7.

1° **Infinitif** seul, complément. — Gantr. 161.
2° Emploi du **nominatif**. — Gantr. 82.

— César I, 1-31. —

Dix mille hommes de l'armée chrétienne furent trouvés morts sur le champ de bataille; tout ce qui suivait l'armée, les vieillards, les femmes, les enfants devinrent la proie de l'ennemi. Les Bulgares vainqueurs purent alors s'emparer de tous les bagages, parmi lesquels ils trouvèrent le trésor de l'armée provenant des aumônes des fidèles. Ayant ainsi perdu leur dernière espérance de salut, les débris de l'armée de l'ermite fuyaient sans faire halte même la nuit ; ils se croyaient pour toujours abandonnés de Dieu et des hommes. Heureusement les peuples dont ils traversaient les pays, parurent touchés de leur malheur et voulurent bien leur accorder des vivres et d'autres secours. Pierre envoya en avant quelques émissaires à l'empereur de Constantinople, pour implorer son secours.

Instruit par ces messagers des revers de l'armée chrétienne, Alexis se hâta de leur envoyer des troupes qui devaient protéger leur marche et des vivres qui leur étaient plus nécessaires encore. Les Chrétiens entraient sur les frontières de la Thrace quand ils rencontrèrent les soldats de l'empereur et les chariots de provisions. Pierre à la vue de ce secours inattendu parut d'abord être frappé de stupéfaction : un moment il demeura immobile, puis il répandit des larmes de joie et de reconnaissance.

Le lendemain ils levèrent le camp. Les Thraces qui occupaient les hauteurs et qui avaient paru vouloir leur barrer le passage, renoncèrent à ce dessein, dès que ces ennemis leur semblèrent être devenus amis et alliés de l'empereur.

Quelques jours après, les Chrétiens campaient à deux milles des portes de Byzance.

THÈME 8.

1° **Infinitif et accusatif**, sujet. — Gantr. 160.
2° **Accusatif** avec les verbes **transitifs**. — Gantr. 84.

— César I, 1-32. —

Il a déjà été dit que les cavaliers de Gauthier attendaient à Constantinople l'arrivée de Pierre l'ermite. Sur les mêmes rives du Bosphore arrivèrent également d'autres petites armées à qui il avait semblé préférable de gagner par mer le lieu du rendez-vous. Bientôt le nombre de ceux qui pouvaient porter les armes fut d'environ cent mille hommes. L'empereur leur avait donné des champs, et chaque troupe était allée dans les lieux où Alexis l'avait placée et où il lui avait commandé de rester. Mais c'était une folie de penser que ces hommes belliqueux, avides de pillage, resteraient sans danger pour la propriété d'autrui dans le voisinage d'une ville opulente, de champs fertiles et de fermes abondamment fournies. Le bruit se répandit bientôt qu'ils erraient de tous côtés, qu'ils ravageaient les campagnes voisines de la ville, volaient tout ce qu'ils pouvaient emporter, incendiaient les maisons, et exerçaient des violences sur les habitants. Il n'était pas facile de les en empêcher ; Alexis jugea qu'il ne devait pas attendre que tous les biens de ses sujets leur fussent enlevés : il se hâta de leur donner des vaisseaux qui les transportèrent au-delà du Bosphore.

Les Turcs, informés de leur approche par des espions, les attendaient, et il ne leur fut pas difficile de vaincre ces hordes indisciplinées. Malgré les ordres de Gauthier, les Chrétiens voulurent engager l'action avec les Musulmans devant les remparts de Nicée. En poursuivant avec trop d'ardeur un ennemi qui semblait fuir devant eux, ils furent attaqués inopinément par un parti nombreux de Turcs que leur chef avait fait cacher dans une forêt. Ils se rangent en bataille et engagent le combat dans une position désavantageuse ; bientôt l'ennemi les enveloppe et les égorge jusqu'au dernier.

THÈME 9.

1° **Infinitif** et **accusatif**, sujet. — Gantr. 160.
2° **Accusatif** avec les verbes **transitifs**. — Gantr. 84.

— César I, 1-32. —

Il est certain que de toute cette multitude de combattants il ne survécut que trois mille hommes : il paraît qu'ils formaient l'arrière-garde de l'armée et que, dès qu'il leur eut été annoncé que leurs compagnons étaient en fuite, ils rebroussèrent chemin et cherchèrent un asile dans un château voisin de la mer. Gauthier fut trouvé mort sur le champ de bataille, percé de sept flèches. Ainsi, soit par la volonté de Dieu; soit à cause de leur propre témérité, ces hommes qui avaient voulu les premiers pénétrer en Asie, ne purent même contempler les lieux pour la délivrance desquels ils avaient entrepris la guerre.

Il ne convint pas à l'ermite Pierre d'attendre cet échec qu'il lui avait été aisé de prévoir. Désespérant de vaincre avec des soldats qui méprisaient son autorité, il était revenu à Constantinople même avant cette funeste bataille : il avait compris qu'il était permis à un prêtre de rester oisif en pareilles circonstances, et il lui avait semblé préférable de vivre désormais dans l'obscurité et la retraite.

Les Grecs de Byzance se livrèrent à la joie, quand ils apprirent que toute cette multitude avait péri. Ils se souvenaient en effet des brigandages et des déprédations de ces soldats; il leur semblait que le ciel avait voulu les punir de ces crimes.

Lorsque cette triste nouvelle arriva en Europe, tous les cœurs furent saisis d'effroi et de douleur. Cependant les diverses nations d'Occident continuèrent à faire tous les préparatifs nécessaires pour une grande expédition. Il était en effet évident pour tout le monde que ces désastres avaient eu pour cause l'imprudence, le manque de discipline et surtout l'absence d'un chef expérimenté.

THÈME 10.

1° **Infinitif** et **accusatif**, sujet. — Gantr. 160.
2° **Accusatif** avec les verbes **intransitifs**. — Gantr. 85

— César I, 1-33. —

La première croisade fut entreprise en 1096; il a été dit qu'elle avait été décidée l'année précédente au concile de Clermont. La désastreuse expédition de Pierre l'ermite et de Gauthier ne doit pas être mise au nombre des croisades. L'Europe déplorait l'imprudence et la témérité de ces hommes, et ne s'étonnait pas de leurs revers. Une seule chose occupait les guerriers chrétiens, c'était la vengeance; tous avaient soif du sang des meurtriers de leurs frères; il fallait qu'il arrivât de plus grands désastres encore aux Turcs vainqueurs qu'aux Chrétiens vaincus.

Il n'y avait pas à comparer les armées qui venaient d'être levées, avec les hordes qui avaient reçu de si terribles échecs sur les bords du Danube et en Bithynie. Ce n'étaient plus seulement des hommes désireux de combattre et de vaincre pour J.-C., mais c'étaient des soldats expérimentés, jouissant d'un grand renom de courage, la plupart avaient mené la vie pénible des camps et pris part à de grandes batailles.

Il est à propos de dire que les chefs de ces armées étaient déjà célèbres par leur valeur et leurs faits d'armes. Le plus illustre d'entre eux était Godefroid de Bouillon, duc de Basse-Lorraine, homme supérieur à tous par la piété et la bravoure. A cause de son adresse dans les combats, à cause de sa vigueur étonnante, il faisait l'admiration de ses compagnons d'armes dans le camp. Par l'autorité de ses vertus, par sa prudence et sa modération, il pouvait beaucoup dans les conseils sur l'esprit des autres chefs.

THÈME 11.

1° **Infinitif** et **accusatif**, complément. — Gantr. 161.

2° **Accusatif** avec les verbes **intransitifs** composés d'une préposition. — Gantr. 86.

— César I, 1-33. —

Parmi les princes qui étaient dans l'intention de partir avec Godefroid à la tête des guerriers chrétiens, nous désirons faire remarquer ses frères Eustache et Baudouin, puis Robert comte de Flandre, fils de ce Robert qui quelques années auparavant avait fait un pèlerinage à Jérusalem et parcouru la Syrie et l'ancienne Judée. Nous verrons que les autres étaient Hugues de Vermandois, frère du roi de France Philippe 1er, le duc de Normandie Robert, dont le père Guillaume, surnommé le Conquérant, avait en 1066 passé la mer et envahi l'Angleterre. Celui qui marchait à la tête des pèlerins italiens était Bohémond, prince de Tarente. Plein du désir d'augmenter sa puissance, il avait lui-même parcouru l'Italie et engagé les populations à quitter leurs foyers et à le suivre. Enfin l'évêque Adhémar et Raymond, comte de Toulouse, commandaient aux cent mille hommes fournis par les provinces méridionales de la France.

Nous avons déjà vu que les chefs de ces armées avaient fixé une époque à laquelle elles devaient se trouver réunies sous les murs de Constantinople. Ces hommes qui surpassaient en courage et en loyauté tous les hommes de leur époque, s'étaient liés entre eux par la foi du serment et s'étaient engagés à s'y trouver au jour fixé. Ils pensaient en effet qu'Alexis qui les avait appelés à son secours contre les Turcs, leur fournirait des vaisseaux pour passer en Asie.

THÈME 12.

1° **Infinitif** et **accusatif**, complément. — Gantr. 161.

2° **Accusatif** avec les verbes **intransitifs** composés d'une préposition. — Gantr. 86.

— César I, 1-34. —

Godefroid de Bouillon précéda tous les autres chefs ; il quitta ses foyers, huit mois après le concile de Clermont avec quatre-vingt mille fantassins et dix mille chevaux. Il traversa les contrées qu'avait parcourues Pierre l'ermite; mais nous remarquons que sa marche fut aussi heureuse que celle de Pierre avait été désastreuse, parceque la seconde armée montrait autant de retenue que la première avait commis d'excès. Il était aisé de remarquer que Godefroid marchait à la tête de soldats formés à la discipline, éprouvés dans les combats. Il s'efforçait de s'attacher par la bienveillance les peuples dont il traversait les territoires; ces peuples proclamaient que le chef chrétien par son autorité, par son énergie, par le nom qu'il portait, pouvait défendre les Allemands, les Hongrois, les Bulgares contre toute injure de la part de ses soldats.

Cependant mus par les mêmes sentiments et entraînés par l'exemple du duc de Lorraine, d'autres guerriers préparaient tout ce qu'il fallait pour le départ. Nous avons déjà dit que les uns levaient des impôts sur leurs sujets, que d'autres vendaient leurs terres et leurs châteaux; nous sommes forcés d'avouer que quelques-uns pillaient les bourgs et les villages voisins. Ajoutons que plusieurs femmes nobles vendirent leurs ornements les plus précieux, voulant par ce moyen fournir à l'équipement de leurs fils ou de leurs époux.

Dès qu'ils virent que tout était prêt, Hugues de Vermandois, Robert de Flandre, Robert de Normandie, accompagnés d'Etienne, comte de Blois et de Chartres, réunirent leurs forces au jour fixé, et partirent.

THÈME 13.

1° **Infinitif** et **accusatif** complément. — Gantr. 161.

2° Equivalents du pronom **on**. — Gantr. 83.

— César I 1-34. —

Les chefs firent traverser les Alpes à leurs troupes; c'était le chemin le plus court pour se rendre en Italie. On savait qu'ils avaient l'intention de gagner les côtes de la Pouille et de s'y embarquer pour la Grèce; nulle part on ne s'opposa à leur passage.

Déjà ils étaient entrés sur le territoire de l'Italie, quand on leur annonça que le pape Urbain (qu'une guerre civile avait forcé de quitter Rome) avait établi momentanément son séjour à trente milles environ de la frontière. Le souverain pontife les reçut avec bienveillance, leur parla avec bonté et remit l'étendard de l'église au comte de Vermandois, dont il connaissait, disait-il, le dévouement à la religion, la foi et le courage. Enfin après les avoir félicités et exhortés, il les congédia en priant pour le succès de leurs armes. On rapporte que de là les quatre chefs se rendirent à Rome et y visitèrent les tombeaux de St. Pierre et de St. Paul. Quand on fut arrivé dans la Pouille, on remarqua avec peine que l'hiver très-rude cette année-là rendait la navigation impossible. On tint conseil et l'on décida qu'on attendrait le printemps pour se mettre en mer.

On croira aisément qu'encouragés par l'exemple de cette armée française, les peuples italiens voulurent aussi entrer en campagne pour la cause de la religion. Dès qu'on eut pu réunir tout ce que la Pouille, la Sicile, la Calabre comptaient de guerriers valeureux, Bohémond s'embarqua et suivit la flotte française. Il faisait voile pour les côtes de la Grèce, accompagné de dix mille cavaliers et de vingt mille hommes d'infanterie.

THÈME 14.

1° **Infinitif** et **accusatif**, complément. — Gantr. 161.
2° Equivalents du pronom **on**. — Gantr. 83.

— César, 1, 1-35. —

A peu près à la même époque, on voit une armée de cent mille hommes levée dans la Provence et les contrées voisines, se rassembler à Lyon et y passer le Rhône sous la conduite de l'évêque Adhémar et du comte de Toulouse. On remarque qu'ils prennent une nouvelle route, plus courte mais plus difficile. Ils franchissent les Alpes, entrent en Lombardie, continuent leur marche à travers les peuples sauvages de la Dalmatie, nations alors tout-à-fait inconnues et qu'on n'avait jamais pu soumettre, et arrivent ainsi aux frontières de l'empire grec.

On a vu que l'empereur Alexis avait appelé à grands cris les Latins au secours de son empire menacé par les Turcs. Croirait-on qu'il conçut une folle terreur quand on lui annonça qu'ils arrivaient en effet? On eût dit que l'arrivée de ces auxiliaires allait lui ravir toute sa puissance, et qu'il ne lui restait plus qu'à désespérer, non seulement de sa couronne, mais même de sa vie. Il pouvait se mettre à la tête de ces armées et forcer tous ces chefs superbes à lui obéir; il aima mieux paraître leur chef que de l'être en effet; il crut avoir assez fait pour la sûreté de sa couronne en obtenant d'eux par des flatteries et des présents qu'ils se reconnussent ses vassaux.

Cependant on disposait tout pour le départ de l'armée chrétienne. Lorsqu'Alexis put espérer que bientôt une flotte nombreuse aurait transporté au delà du Bosphore ces hôtes incommodes et redoutables, il voulut par quelques paroles raffermir leur courage.

THÈME 15.

1° **Infinitif** et **accusatif**, complément. — **Gantr. 161.**
2° Emploi des **temps** de l'**infinitif.** — **Gantr. 164.**

— César I, 1-35. —

« Il avait grand espoir, leur dit-il, que bientôt les ennemis de la foi mettraient un terme à leurs cruautés et à leurs vexations, et que chassés par les armes victorieuses des Latins, ils quitteraient les lieux saints et iraient chercher d'autres demeures loin de la sainte montagne et du sépulcre sacré de J.-C. Leur présence dans ces lieux ne pouvait plus être tolérée. » Il leur rappela que « de grands et nombreux motifs avaient fait entreprendre aux Latins cette expédition sainte. » Surtout il ne négligea pas de les exhorter « à éloigner pour toujours de la côte du Bosphore ces ennemis de la religion; car ils ne s'étaient emparés de ces contrées que dans l'intention d'envahir au plus tôt non seulement l'empire mais encore l'Europe entière. Le devoir des Chrétiens était donc de les refouler dans leurs déserts. Il était honteux pour le nom chrétien, et dangereux pour la foi que ces infidèles fussent si proches des contrées de l'Occident; car il ne fallait pas espérer que ces hommes féroces et barbares s'arrêteraient dans leurs conquêtes. En effet, ces Turcs feraient comme avaient fait leurs pères. Partis de l'Arabie, les disciples de

Mahomet avaient les uns conquis la Perse et la majeure partie de l'Asie occidentale, les autres avaient envahi l'Espagne et menaçaient la France. Bientôt ceux-ci s'empareraient de Byzance et de là ils marcheraient sur les autres contrées de l'Europe. C'est à cela qu'il fallait obvier. »

Quelques jours après, les Chrétiens mettaient à la voile et abordaient en Bithynie.

THÈME 16.

1° **Accusatif** et **infinitif**, complément. — Gantr. 161.
2° **Accusatif** avec les verbes **decet**, **fugit**, etc. — Gantr. 87.

— César I, 1-36. —

Le riche et puissant empire des Turcs d'Asie, avait pour limites au sud l'Euphrate qui le séparait de la Perse ; il atteignait au nord le Bosphore et le Pont-Euxin. Rappelons ici que par religion comme par caractère, les Turcs sont hommes de guerre, qu'ils ne connaissent pas l'agriculture, que le commerce ne convient pas à leurs mœurs ; que les sciences ne leur plaisent nullement, et qu'ils n'ont aucune notion des lettres ni des arts. La guerre seule leur convient, ils n'aiment que les batailles ; suivant l'ordre du Prophète, ordre qui n'est caché à aucun d'eux, ils se plaisent à conquérir des villes et à faire du butin sur l'ennemi. Ils sont persuadés que le bonheur du ciel attend ceux d'entre eux qui meurent sur le champ de bataille. Convaincus que rien ne leur arrivera que ce qui est écrit, ils sont prêts à courir au devant des plus grands périls.

David, surnommé l'Épée du lion, occupait alors le premier rang parmi les chefs musulmans. Dès qu'il eut appris par la renommée la nouvelle de l'approche de l'armée chrétienne, il appela tous ceux de ses sujets qui étaient en état de porter les armes; puis il ordonna à ses officiers de les réunir à Nicée, capitale de la Bithynie, et de fortifier cette ville. Car il n'ignorait pas que c'était vers cette place que les ennemis devaient d'abord se diriger. Il voulait les arrêter au passage et les forcer même à retourner dans les lieux d'où ils étaient venus.

THÈME 17.

1° **Infinitif** et **accusatif**, complément. — Gantr. 161.

2° Verbes qui veulent **deux accusatifs** (l'un complément, l'autre attribut). — Gantr. 88[3].

— César I, 1 36. —

La ville que les Grecs appelaient Nicée et qu'ils tenaient pour le boulevard de la Bithynie, n'est plus aujourd'hui qu'un bourg que les Turcs nomment Isnik. Sous Constantin le grand, en 325, les évêques l'avaient choisie pour le siége du concile général où ils déclarèrent d'une voix unanime Arius convaincu d'hérésie. La nature avait rendu cette ville difficile à prendre. Elle se montrait protégée au nord par de hautes montagnes ; au midi et à l'occident le lac Ascanius touchait aux remparts et permettait aux habitants de communiquer avec la mer. Il parut convenable au chef de l'armée turque de donner l'ordre d'élever tout autour de la ville un double rempart garni de 370 tours, et de creuser un fossé large et profond où l'on fit couler les eaux du lac. Puis il laissa dans la ville comme garnison quinze à vingt mille hommes auxquels il défendit de quitter leur poste sans son ordre. Il leur donna pour chef un lieutenant dont il connaissait la valeur et l'expérience militaire; à la tête de cent mille hommes d'élite en qui il avait pleine confiance, il alla occuper le sommet des montagnes voisines et y attendre l'arrivée des croisés.

Comme ils fortifiaient les hauteurs où ils avaient pris position, les éclaireurs qu'ils avaient envoyés dans la campagne accoururent à bride abattue et leur rapportèrent « que l'armée annoncée étaient de beaucoup supérieure en nombre à la leur; ils avaient pu en juger par les drapeaux et les aigrettes des officiers. Plus de cent mille hommes de cavalerie, plus de cinq cent mille d'infanterie couvraient les plaines de Bithynie. »

THÈME 18.

1° **Infinitif** et **accusatif** complément. — Gantr. 161.

2° Verbes qui ont **2 accusatifs** pour compléments. — Gantr. 88.

— César I, 1-37. —

Les Chrétiens trouvèrent non loin de la ville une plaine parfaitement propre à établir un camp, au pied même des montagnes qui leur cachaient les ennemis. Ils se mirent immédiatement à travailler sous les yeux des chefs : autant il y avait de nations différentes de langue et de mœurs, autant on fit de petits camps qu'on entoura de retranchements. Les historiens ne nous cachent pas une triste vérité, ils nous apprennent une circonstance pénible : comme le bois manquait, on se servit, pour élever les retranchements, d'ossements humains que l'on avait trouvés sans sépulture dans les campagnes voisines. Ils avancent que c'étaient les restes des malheureux que commandait Gauthier et qui dans ces lieux mêmes avaient été massacrés jusqu'au dernier par les Turcs. Un prisonnier musulman apprit, paraît-il, aux Chrétiens cette circonstance.

Le malheur de leurs frères leur enseignait la prudence ; cependant, à peine étaient-ils arrivés qu'ils demandèrent à leurs chefs une grâce, celle d'essayer les forces de l'ennemi et les leurs. Les chefs ne leur cachèrent point les dangers qu'ils couraient ; ils ne voulurent point cependant leur refuser la faveur qu'ils leur demandaient avec instance. Les soldats livrèrent plusieurs assauts à la place ; mais la hauteur des murailles qui leur cachaient les ennemis leur opposait un obstacle insurmontable. Ils furent forcés de renoncer pour le moment à leur tentative. Cependant le Sultan campé sur les hauteurs attendait une occasion et cachait ses desseins aux assiégeants. Au moment où la troupe du comte de Toulouse (qui, arrivé le dernier, n'était instruit de rien) était occupée à disposer ses tentes, dix mille cavaliers Sarrasins se ruèrent inopinément sur elle.

THÈME 19.

1° **Infinitif** et **accusatif**, complément. — Gantr. 161.
Infinitif historique. — Gantr. 166.
2° **Accusatif** de **durée** et de **mesure**. — Gantr. 89.

— César I, 1-37. —

Le comte de Toulouse rangea ses troupes en bataille et soutint seul pendant une demi-heure le choc de l'ennemi. Pendant ce temps on annonçait au reste de l'armée que l'ennemi était descendu dans la plaine. Les Chrétiens courent à l'instant aux armes, mais ils sont obligés de s'attendre les uns les autres, et leurs quartiers étaient à cinq cents pas du lieu du combat. Bientôt ils volent au secours de leurs frères et sans s'arrêter ils engagent l'action. Cette bataille avait lieu à un mille et demi de la ville, dans une plaine de plus de deux lieues de circuit, au pied d'une montagne haute de neuf cents pieds au moins.

Nous ferons remarquer que les Turcs avaient une manière de combattre toute nouvelle pour les Européens. D'abord ils s'élançaient tous ensemble à toute bride et mettaient le désordre dans les rangs ennemis; puis tout-à-coup d'un commun accord ils reculaient à cinquante pas et se retournant sur leurs chevaux, ils lançaient une multitude de traits; là ils s'arrêtaient un moment, et revenaient à la charge avec une nouvelle impétuosité. C'est ainsi que se battaient les Parthes onze siècles auparavant, et les Arabes de nos jours ont conservé une coutume à peu près semblable.

On combattit ainsi durant quelques heures, et les Turcs s'aperçurent bientôt que ces nouveaux ennemis étaient bien supérieurs en courage à ceux qu'ils avaient mis en déroute quelques mois auparavant. Ces guerriers habitués depuis longues années aux fatigues de la guerre, se servaient avec une adresse et une force admirables de leur bouclier ovale haut de quatre pieds, large d'un pied et demi; leurs épées courtes qui n'avaient pas plus de deux pieds de long ne pouvaient leur être d'un grand usage en cette occasion, ils préféraient attaquer l'ennemi avec leur lance de six pieds de longueur.

THÈME 20.

1° **Infinitif** et **accusatif**, complément. — Gantr. 161.
2° **Accusatif** de **durée** et de **mesure**. — Gantr. 89.

— César I, 1-38. —

On combattait donc depuis plusieurs heures, quand les ennemis ne pouvant plus résister prirent tous la fuite dans le plus grand désordre vers la montagne qui n'était éloignée que de 500 pas. Ils abandonnaient sur le champ de bataille quatre mille morts et un grand nombre de blessés. On trouva, dit-on, parmi les morts, les deux fils du Sultan dont l'un était âgé de 25 ans, l'autre n'en avait pas plus de 18.

Les Chrétiens ne poursuivirent pas bien loin les vaincus, mais ils restèrent toute la nuit sur le champ de bataille pour enterrer leurs morts au nombre d'environ deux mille et mettre leurs cadavres à l'abri de la dent cruelle des bêtes féroces. Pour cela, ils creusèrent plusieurs grandes fosses de six pieds de profondeur, longues de vingt pieds et larges de trente.

Ils s'y réunirent encore le lendemain, et y demeurèrent toute la journée, mais pour un tout autre motif. On rapporte qu'imitant l'usage barbare de leurs ennemis, ils coupèrent la tête aux cadavres que les Turcs n'avaient pas osé venir reprendre.

Mille de ces têtes, enfermées dans des sacs, furent, dit-on, portées à Constantinople et offertes comme tribut à l'empereur; mille autres furent lancées dans la ville au moyen de machines.

La vue de ces tristes trophées de la victoire porta la terreur chez les assiégés. La plupart d'entre eux n'étaient plus occupés nuit et jour qu'à rassembler tout ce qui était nécessaire pour traverser le lac et prendre la fuite au moment où la ville se rendrait à l'ennemi.

THÈME 21.

1° **Infinitif** et **accusatif,** complément. — Gantr. 161.
2° **Prépositions** qui régissent l'**accusatif.** — Gantr. 92.

— César I, 1-38. —

Le lieutenant entre les mains duquel était le commandement de la garnison en l'absence du général en chef, convoqua tous ceux des guerriers qu'il regardait comme plus braves que les autres et en qui il avait le plus de confiance, et releva leur courage par quelques paroles. Il les harangua à peu près en ces termes :

Il avoua d'abord que « les Turcs avaient été repoussés dans la bataille livrée contre les Latins au pied de la montagne. » Mais il voulut faire comprendre que cela n'était point arrivé par leur faute et que les adversaires ne les avaient vaincus que par ruse et par trahison. «Si les nôtres avaient soupçonné ces embûches, il leur eût été facile de se mettre sur leurs gardes; mais ils ont été trompés parce que les Musulmans ont appris de leurs ancêtres à repousser l'ennemi par la force et non à le combattre par des ruses et des stratagèmes. D'ailleurs un seul petit échec ne prouve rien.» Il leur rappela ensuite l'antique valeur de leurs pères et les défaites récentes des Chrétiens : «Vous connaissez ces ennemis, continua-t-il; plusieurs d'entre vous ont déjà lutté contre eux une et deux fois de ce côté-ci du Bosphore. Ils ont été alors écrasés par vous, ils ont perdu tous leurs officiers, tous leurs chevaux, toutes leurs richesses.»

Il les engagea ensuite à ne pas s'effrayer outre mesure, et à éviter à l'avenir d'être soupçonnés de découragement. En continuant à leur parler ainsi, il raffermit leur vaillance; on les vit bientôt animés de la même ardeur qu'auparavant.

THÈME 22.

1° **Conjonctions** qui régissent **l'indicatif.** — Gantr. 142.
2° **Prépositions** qui régissent **l'accusatif** — Gantr. 92.

— César I, 1-39. —

Tandis que cela se passait dans la ville; hors des murailles les Chrétiens, dès qu'ils se crurent délivrés de toute agression de la part de l'armée qui occupait les montagnes, pensèrent qu'il ne fallait pas traîner le siége en longueur. Pour cela, aussitôt que la chose eut été décidée, Godefroid entre les mains duquel les chefs avaient remis le commandement suprême, donna l'ordre de préparer les machines et tout ce qui était nécessaire pour livrer l'assaut.

Tandis qu'une partie de l'armée restait au camp, prête à repousser l'ennemi s'il tentait d'y pénétrer par force, tandis que des cavaliers au nombre d'environ quatre ou cinq mille couraient çà et là dans les montagnes avec l'intention de harceler la cavalerie turque, le reste des troupes travaillait sous les yeux des officiers. On construisait des claies, on les réunissait entre elles, on en faisait comme un bouclier immense, sous lequel, comme sous une tortue, les soldats pourraient approcher du rempart et le battre avec une machine appelée *scropha*, dont ils se servaient comme les anciens du bélier. Dès que cet ouvrage eut été achevé, on ordonna aux travailleurs de construire des tours de bois auxquelles on fit plusieurs étages. Elles étaient d'une grande hauteur et donnaient aux assiégeants une grande facilité pour voir ce qui se passait dans la ville.

Les guerriers voulaient tenter l'assaut, quoique tous les préparatifs ne fussent pas encore achevés. Tant que les chefs le purent, ils continrent leur ardeur ; enfin, ils leur permirent de s'avancer.

THÈME 23.

1° **Conjonctions** qui régissent l'**indicatif.** — Gantr. 142, 137.

2° **Datif** avec les verbes **transitifs - intransitifs.** — Gantr. 93, 94.

Datif d'avantage. — Gantr. 95.

— César I, 1 - 39. —

Aussitôt que le signal est donné, les guerriers se forment en rangs serrés et s'avancent protégés doublement et par leurs boucliers qu'ils élèvent au-dessus de la tête et par les claies dont il a été parlé plus haut. Leur ardeur est extrême : ils vont combattre non pour une vaine gloire mais pour une récompense céleste. Ils sautent dans le fossé et commencent à battre la muraille avec le bélier ou à en arracher les pierres au moyen de fers recourbés, tandis que du haut des remparts les assiégés tâchent, en lançant de l'huile bouillante et de la poix enflammée, de détruire par le feu les machines construites en bois. Tant que durèrent ces attaques, une foule de croisés périrent sans utilité pour la sainte cause, parceque tandis que les Chrétiens ne pouvaient combattre qu'en petit nombre et sur un seul point, l'ennemi pouvait du haut des murs leur opposer des forces dix fois supérieures et leur faire le plus grand mal.

Plusieurs fois en travaillant pendant toute une journée, les assiégeants purent abattre quelque partie de la forte muraille. Mais, dès que la nuit était tombée et que les assaillants s'étaient retirés dans le camp, les Turcs arrivaient en foule et, grâce à un travail opiniâtre qui durait toute la nuit, ils relevaient la muraille. Le lendemain au point du jour, les Chrétiens s'apercevaient que leurs efforts de la veille n'avaient abouti à rien.

Ces échecs cependant ne ralentissaient pas l'ardeur des assaillants pour l'exécution de leur dessein.

THÈME 24.

1° **Conjonctions** qui régissent l'**indicatif.** — Gantr. 142, 137.
2° **Datif** avec les verbes **transitifs-intransitifs.** — Gantr. 93, 94.
Datif d'avantage. — Gantr. 95.

— César I, 1 - 40. —

Quels que fussent les succès des uns, les revers des autres, des deux côtés on donna des preuves du plus grand courage. Un jour que Godefroid s'avançait avec ses troupes pour livrer assaut à la place, un Sarrasin que l'histoire nous représente comme un homme aussi extraordinaire par la vigueur que par la taille, se faisait remarquer par des prodiges de vaillance; de même que son aspect jetait le plus grand trouble dans le cœur des assaillants, de même aucun d'eux ne pouvait soutenir le feu de ses regards. Il avait laissé de côté son bouclier et combattait la poitrine découverte ; il s'était mis , quoique son corps fût couvert de flèches, à lancer d'en haut sur les assaillants d'énormes quartiers de roche. Déjà plus de trente Chrétiens étaient tombés écrasés; déjà, saisis d'une terreur panique, les autres songeaient à prendre la fuite. Mais tandis que cela se passait, Godefroid s'avance au milieu des combattants, il lance un trait avec autant d'adresse que de force, et le Sarrasin atteint au cœur tombe expirant entre les bras de ses compagnons d'armes. Comme on le comprend aisément, cet exploit porta le découragement dans l'âme des ennemis en même temps qu'il rendit les Latins prêts à courir au devant de tous les périls. Quelles qu'aient été auparavant leurs dispositions, plusieurs officiers accourent alors à Godefroid; ils lui prennent les mains, ils s'efforcent d'embrasser ses genoux, ils déclarent qu'ils lui doivent la vie et qu'ils sont prêts à mourir pour lui. Mais Godefroid saisissant l'occasion : « Que faites vous, frères d'armes, pourquoi reculer? Quelle plus belle occasion attendez vous de combattre et de vaincre pour la cause du Christ? Voici, voici le jour qui doit vous rendre maîtres de cette ville! »

THÈME 25.

1° **Conjonctions** qui régissent l'**indicatif.** — Gantr. 142, 137.
2° **Datif** complément d'**adjectifs** et d'**adverbes.** — Gantr. 96.

— César I, 1-40 —

Tandis qu'il parle encore, il saute dans le fossé; entraînés par cet exemple, dirigés par cette voix qui a toujours eu tant d'empire sur eux, ils le suivent avec une ardeur égale à la sienne, et tandis que les murs restent presque sans défenseurs, les uns (comme ils l'ont déjà fait) arrachent des pierres, d'autres creusent la terre. En même temps que la nuit succédait au jour, la muraille ébranlée tombait et faisait retentir les collines voisines de la ville d'un bruit égal au fracas du tonnerre.

Mais aussitôt que la nuit fut assez avancée, les Turcs, fidèles à leur habitude, profitèrent des heures favorables à ce genre de travail auquel ils étaient accoutumés, relevèrent la muraille et la rendirent propre à soutenir un nouvel assaut.

Depuis sept semaines, les Chrétiens avaient commencé le siége, et par des assauts chaque jour répétés, avec un courage à la hauteur de l'entreprise, ils s'étaient efforcés de s'emparer de Nicée. Chaque jour ils marchaient vers la ville plus irrités contre les assiégés; chaque jour ces derniers, quel que fût leur courage, éprouvaient un échec semblable à l'échec de la veille. Puisqu'il en était ainsi, on s'étonnait que les Nicéens forcés par le manque de vivres et d'armes ne se fussent pas déjà rendus à composition. Alors seulement un Chrétien indigène dévoué aux Latins et ennemi des Turcs déclara ce qu'il avait tû jusque là: que les fortifications entouraient seulement une partie de la ville, et que du côté qui regardait le midi et l'occident se trouvait un lac d'une assez grande étendue dont les eaux touchaient à la ville et étaient assez voisines de la mer. C'était pour cette raison qu'il y avait constamment dans la place, provision abondante d'armes, de vivres et d'argent.

THÈME 26.

1° **Conjonctions** qui régissent l'**indicatif**. — Gantr. 142, 137.

2° **Datif** complément d'**adjectifs** et d'**adverbes**. — Gantr. 96.

— César I, 1-41. —

Dès que le duc de Lorraine eut appris cette circonstance qui avait été si utile aux assiégés, il convoqua l'assemblée des chefs, et parcequ'il devait traiter d'un intérêt commun à toute l'armée, il leur adjoignit des officiers de tous grades. Après que plusieurs avis eurent été émis, Godefroid dit quelle était son opinion. Ce prince, comme il a été dit plus haut, était surtout aimé de tout le monde parceque sa manière de voir était toujours conforme au bon sens autant qu'elle était d'accord avec l'intérêt général. Comme d'ordinaire, les princes jugèrent à propos d'accueillir sa proposition.

Aussitôt que l'assemblée eut été levée, on choisit parmi les cavaliers et les fantassins ceux que l'on connaissait pour les plus dévoués à la cause du Christ, pour les plus hostiles aux infidèles, pour les plus aptes à conduire à bonne fin une entreprise aussi nécessaire au salut de tous. Dès qu'on les eut réunis, on leur donna l'ordre de sortir à l'instant du camp et de retourner, par le chemin par où l'armée était venue, jusqu'au port où elle avait débarqué et où elle avait laissé les navires fournis par l'empereur Alexis.

Dès qu'ils y furent arrivés, les soldats embarquèrent les chevaux et les chariots qu'ils avaient amenés avec eux. Avant que la nuit fût arrivée, toute la petite flotte mettait à la voile, et, poussée par un vent favorable, elle descendait la Propontide.

On verra bientôt quel projet salutaire pour tous Godefroid avait conçu. Beaucoup de raisons avaient engagé les Latins à entreprendre cette expédition.

THÈME 27.

1° **Conjonctions** qui régissent l'**indicatif.** — Gantr. 142, 137.
2° **Datif** avec les verbes **prosum**, **noceo**, **pareo** etc. — Gantr. 97.

— César I, 1-41. —

Il y a en face du lac Ascanius un petit port nommé Civitot. De la mer au lac qui baigne la partie méridionale de Nicée on ne compte pas plus de sept milles. Dès que la petite flotte y fut arrivée, les officiers ordonnèrent aux soldats, quoique la nuit fût avancée, de débarquer et de tirer les vaisseaux à sec. Ceux-ci leur obéirent et placèrent ensuite les embarcations sur des chariots. On y attela un nombre considérable de chevaux, et chaque soldat vint au secours de ces animaux en attachant au char celui-ci une corde, celui-là une courroie. Aussitôt que tout fut prêt, la troupe s'éloignant du port se dirigea vers le lac. Ces fatigues, quelque pénibles qu'elles fussent, plaisaient à tous les soldats de l'expédition; chacun d'eux quel que fût son grade, prêtait avec joie son aide à cette besogne, parcequ'ils savaient que par là ils travaillaient au salut de l'armée et servaient les intérêts de la religion.

Cependant la route était souvent étroite et difficile; à chaque instant quelque accident nouveau arrêtait la marche des soldats, soit parceque les courroies se rompaient, soit parceque les vaisseaux trop larges étaient retenus par les talus (1) de la route. Tous alors obéissant au moindre signe s'empressaient de remédier au mal, soit en élargissant la voie à coups de pioche, soit en abattant des arbres à coups de hache. Dans ces défilés un petit nombre de soldats auraient pu aisément barrer le passage à ceux qui s'avançaient; mais les Turcs croyaient n'avoir rien à craindre des Latins de ce côté, parce qu'ils se fiaient à la force de leurs remparts et qu'ils ne se défiaient pas assez de l'intelligence et de la hardiesse de leurs adversaires. Au point du jour ceux-ci parvinrent aux bords du lac, après avoir fait en huit heures une route qu'en d'autres circonstances ils auraient pu faire en deux.

THÈME 28.

1° **Conjonctions** qui régissent l'**indicatif.** — Gantr. 142, 137.

2° **Datif** avec les verbes **prosum**, **noceo**, **pareo** etc. — Gantr. 97.

— César I, 1-42. —

Aussitôt qu'au point du jour les habitants de Nicée eurent vu le danger qui menaçait la ville,

---

(1) Talus, *dejectus* ou *declivitates*. Voy. Cæs. liv. I, ch. 18 et la note de l'édition Dübner.

dès qu'ils eurent reconnu les barques des Latins aux étendards et aux couleurs, dès qu'ils eurent vu que des deux côtés l'ennemi les menaçait de la ruine et de la dévastation, une grande terreur s'empara de toute la ville. Elle commença par les simples soldats et les hommes du peuple, gens accoutumés à se défier de ceux qui les gouvernent et à tout craindre d'eux. Ils se plaignaient de ce que le commandant de la ville n'avait point été assez sur ses gardes et n'avait point prévu la tentative de l'ennemi. En même temps qu'ils déploraient leur sort, ils menaçaient ce général de leur vengeance; ils déclaraient qu'ils ne lui obéiraient point quand il donnerait l'ordre aux bataillons de marcher à l'ennemi, mais qu'au contraire ils ouvriraient leurs portes, livreraient leurs officiers et cèderaient ensuite la place aux Latins.

Les femmes, comme il arrive d'ordinaire, ne mettaient point de bornes à leur désespoir. Retirées dans les lieux les plus secrets de leurs maisons, elles maudissaient et cet ennemi qui leur dressait si inopinément des embûches, et ces chefs qui n'avaient rien prévu et avaient si mal veillé au salut de la ville. Elles s'irritaient surtout contre le lieutenant, à qui elles ne pouvaient pardonner son imprévoyance ou plutôt l'habileté de ses adversaires. Tandis qu'elles ne pouvaient ni commander à leur ressentiment, i résister à leur douleur, tandis que dans toute la ville on n'entendait que des lamentations, ému de ces plaintes le commandant ne savait quel parti prendre.

THÈME 29.

1° **Indicatif**, après **si**, **nisi**, etc. — Gantr. 141, 138.

2° **Datif** avec les verbes **prosum**, **noceo**, **pareo**, etc. — Gantr. 97.

— César I, 1-42. —

Si la terreur et la désolation règnent partout dans la ville, si les femmes ne peuvent retenir leurs larmes, ni modérer leur douleur, si les officiers même les plus expérimentés sont dans le plus grand trouble, dans le camp des Chrétiens au contraire les dispositions sont bien changées. S'ils n'ont pas reçu de nouvelles de l'expédition tentée la nuit précédente, du moins ils ont le ferme espoir que la Providence a favorisé les efforts de leurs compagnons. Déjà ils se félicitent entre eux du succès de l'entreprise et prennent la résolution de seconder leurs frères en tentant un nouvel assaut; s'ils réussissent, les deux troupes latines entreront dans la ville de deux côtés à la fois.

Ils s'approchent donc des remparts en poussant devant eux une tour d'une hauteur et d'une largeur extraordinaires. Ils l'ont rendue aussi solide que possible ; si les assiégés tentent de l'incendier, ils ne pourront y réussir ; s'ils essaient de la détruire de quelque autre manière, elle résistera à tous leurs efforts. Si, comme ils l'espèrent, les remparts ne sont pas occupés par l'ennemi, il leur sera facile de s'emparer de la ville; s'il n'en est pas ainsi, ils se contenteront de battre les murailles par la base jusqu'à ce qu'elles s'écroulent et leur permettent de pénétrer dans la place.

Une troupe de Turcs assez nombreuse avait déjà été placée sur la muraille; retenus par la honte et obéissant aux ordres de leur général, ils attendaient les assiégeants. S'ils ne réussirent pas à les repousser, du moins ils empêchèrent que la ville ne tombât ce jour-là en leur pouvoir.

THÈME 30.

1° **Indicatif** après **si**, **nisi**, **etiamsi**, etc. — Gantr. 141, 138.
2° **Datif** après les verbes composés d'une des prépositions **ad**, **ante**, **con**, **in**, **inter**, etc. — Gantr 98.

— César I, 1-43. —

Si nous comparons la situation présente des assiégés, avec celle des jours précédents, nous verrons qu'ils ont lieu de désespérer non seulement de la victoire, mais même de la vie. S'ils n'ont point encore été vaincus, il n'est point douteux qu'ils ne le soient bientôt. Il ne leur reste même plus la faculté de fuir, ils seront forcés de se rendre à composition. S'ils ne le font, s'ils veulent opposer la force à la force, ils arroseront inutilement cette terre de leur sang.

Les assiégeants connaissant les dispositions de leurs adversaires et voulant leur inspirer une plus grande terreur encore, prennent la résolution d'ajouter de nouvelles troupes à celles qui déjà cernent la ville du côté du lac et d'entourer complètement les murailles.

Mais l'empereur Alexis, informé par ses émissaires de ce qui se passe dans le camp et dans la ville, a compris que, s'il laisse les Latins s'emparer de cette proie, ils se serviront de leurs succès non seulement pour affaiblir son autorité dans ces contrées, mais même pour la ruiner entièrement. Il pense donc qu'il faut se hâter de prévenir ce danger. Par son ordre un corps d'auxiliaires grecs vient se joindre aux troupes latines. Les deux officiers qui le commandent ont reçu l'ordre de ne marcher avec les alliés que s'ils ne peuvent faire autrement, et de chercher une occasion de s'emparer de Nicée par ruse. L'un des lieutenants d'Alexis trouve le moyen de communiquer avec les assiégés. Par des discours adroits et insidieux il les détourne de se soumettre aux Latins, et fait en sorte qu'ils se remettent entre les mains de l'empereur.

THÈME 31.

1° **Indicatif** après **si, nisi, etiamsi**, etc. — Gantr. 141, 138.

2° **Datif** avec les verbes composés d'une des prépositions **ad, ante, con, in, inter,** etc. — Gantr. 98.

— César I, 1-43. —

L'officier leur persuada facilement de se confier à l'empereur. « Si les alliés, leur dit-il, pénètrent dans vos murs malgré vous, ils se hâteront de venger leurs frères et exerceront contre vous tous les genres de cruautés. Si vous faites votre soumission, si vous vous remettez entre leurs mains, dès que vous aurez livré vos armes, vous aurez à courir de nouveaux dangers. Si en effet vous recevez dans votre ville ces hommes pleins d'inimitié, ils ne pourront s'abstenir de violences et de désordres. Si au contraire, appréciant l'équité des demandes de l'empereur, vous acceptez ses conditions, si vous ne rejetez point l'amitié qu'il vous offre, il pourra vous défendre contre toute nouvelle attaque de vos ennemis. D'ailleurs il est toujours préférable pour vous, si vous ne pouvez résister plus longtemps, de vous soumettre à des Grecs qu'à des Latins. »

Les assiégés entraînés par ces raisonnements préférèrent l'autorité d'Alexis à celle des princes latins. A l'heure où les troupes de ces derniers répandues tout autour de la place, se préparaient à livrer un dernier assaut, elles virent les étendards grecs flotter sur les principales tours de la ville. Cette vue fit naître dans tous les esprits la surprise la plus vive. La plupart des chefs ne purent contenir leur indignation; les soldats qui se trouvaient présents à ce spectacle retournèrent au camp pleins de rage et jurant de se venger d'un monarque qui se riait ainsi de leurs travaux et de leurs fatigues. Mais une fureur plus grande encore s'empara d'eux, quand les Grecs leur interdirent l'entrée de la ville. Dès qu'on eut annoncé aux soldats qu'ils ne pouvaient s'introduire plus de dix à la fois dans la place, ils firent entendre des plaintes amères.

THÈME 32.

1° **Subjonctif** après **si**, **nisi** — et dans les autres phrases hypothétiques. — Gantr. 144.

2° **Datif** avec les verbes composés d'une des prépositions **ad**, **ante**, **con**, **in**, **inter**, etc. — Gantr. 98.

— César I, 1-44. —

Ils se seraient vengés sur-le-champ de la perfidie des Grecs, s'ils n'avaient réfléchi qu'ils seraient bientôt forcés d'implorer l'assistance de ces faux alliés. Ils se préparaient en effet à continuer leur route à travers l'Asie Mineure, et si les Grecs, par crainte de leur ressentiment, refusaient de se joindre à eux, ils devraient désespérer de leur arrivée en

Palestine et même en Syrie : s'ils ne les avaient pour guides, ils tomberaient infailliblement dans quelque défilé dont il leur serait impossible de se tirer. Ils résolurent donc de différer leur vengeance, de préférer pour le moment l'intérêt de leur cause à leur colère personnelle, de composer leur visage et d'attendre si l'occasion ne se présenterait pas à eux de rendre la pareille à ces perfides alliés.

Le 25 juin 1097, l'armée leva le camp et s'éloigna de Nicée. Après avoir fait en deux jours et à grande peine sept lieues seulement, car les routes étaient difficiles et les bagages, les chariots mettaient obstacle à la rapidité de la marche, ils s'arrêtèrent deux jours dans un endroit qui leur offrait une eau abondante et des pâturages frais.

Ils envoyèrent en avant des éclaireurs pour reconnaître quelle était la nature du pays qu'ils avaient à traverser. Ceux-ci leur rapportèrent que c'était un désert aride où non seulement il n'y avait point de blé mûr pour les hommes, mais pas même assez de fourrage pour les chevaux. Ils jugèrent donc que le meilleur parti à prendre était de se diviser en deux corps. Godefroid à la tête du premier partit par la route de droite, et mit sous le commandement de Bohémond le second qui se dirigea vers la gauche.

THÈME 33.

1° **Subjonctif** après **si**, **nisi** — et dans les autres phrases hypothétiques. — Gantr. 144.

2° **Datif** avec les verbes passifs — avec **esse**. —Double **datif**. — Gantr. 99, 100, 101.

— César I, 1-44. —

Il avait été décidé par les chefs que les deux corps d'armée tiendraient entre eux une très-petite distance, afin que si l'un avait quelque péril à redouter, l'autre pût lui porter promptement secours. Cela avait été compris des principaux officiers, et cette résolution aurait été approuvée de tous les soldats, si tous avaient su que le sultan avait rallié ses troupes, que de nouveaux guerriers s'étaient joints à lui, et qu'il avait l'intention de livrer une grande bataille, à la première occasion.

Après que Bohémond eut marché pendant trois jours, et comme, au commencement de la quatrième journée, il faisait entrer son corps d'armée dans une vallée dont le nom est Gorgoni, où il avait l'intention de s'arrêter, il aperçut les hauteurs occupées par une immense multitude de Turcs. On avait annoncé au chef de cette armée que les Chrétiens s'étaient divisés en deux colonnes et que la moins forte se dirigeait vers la plaine qu'on appelait Dorylée. Il avait cru devoir se hâter de suivre celle-ci, persuadé qu'elle offrirait moins de résistance s'il pouvait l'atteindre seule.

Si Bohémond avait eu moins de courage et d'intrépidité, il aurait à cette vue donné l'ordre de sonner la retraite ; personne ne lui en eût fait un crime. Ou bien, s'il n'avait point voulu reculer, il aurait attendu l'arrivée des siens et se serait abstenu de combattre. Au lieu de cela, il réunit les autres chefs ; il leur expose son projet, et dès que ce projet est approuvé par eux, il donne l'ordre de faire halte.

THÈME 34.

1° **Subjonctif** après **si**, **nisi** — et dans les autres phrases hypothétiques. — Gantr. 144.

2° **Datif** avec les verbes passifs — avec **esse**. — Double **datif**. — Gantr. 99, 100, 101.

— César I, 1 - 45. —

Il y avait dans cette vallée une petite rivière dont la rapidité devait présenter un grand obstacle aux Latins, s'ils voulaient la traverser à gué. Elle entre un peu plus loin dans la plaine de Dorylée, et là elle se jette dans la rivière qui porte le nom de Thymbrius.

Dès qu'il eut fait entrer toute l'armée dans la vallée, Bohémond ordonna d'asseoir le camp au bord même de l'eau. Un marais couvert de roseaux devait protéger les derrières de l'armée ; les chariots et les bagages, qui d'ordinaire sont un embarras pour un corps de troupes, devaient lui être ici de quelque utilité : disposés en cercle comme un retranchement, ils entoureraient presque tout le camp et arrêteraient l'élan de l'ennemi, s'il voulait y pénétrer par force. Ces dispositions furent approuvées de tous. Bohémond laissa à l'infanterie la garde du camp : ces soldats , pensait-il, auront à cœur de résister vaillamment , ils se feront un mérite de garder les femmes et les malades abandonnés à leurs soins ; car s'ils les laissent tomber entre les mains des Barbares, l'armée entière leur en fera un crime.

Du côté découvert, Bohémond disposa la cavalerie en trois corps. Les deux premiers devaient engager l'action, si l'ennemi tentait de passer la rivière. Lui-même à la tête du corps de réserve, il voulut aller prendre position sur une hauteur voisine. Il pourrait ainsi voir tout ce qui se passerait, et si quelqu'un des siens était en péril, voler à son secours.

THÈME 35.

1° **Subjonctif** après **si**, **nisi** — et dans les autres phrases hypothétiques. — Gantr. 144.

2° **Génitif** complément d'un **substantif.** — Gantr. 102.

— César I, 1-46. —

Tandis qu'on était encore occupé à dresser les tentes, un gros de Musulmans descendirent la colline à bride abattue, et d'en haut, sans s'arrêter, lancèrent une grêle de flèches sur les Chrétiens qui les attendaient rangés en colonne serrée. Par cette attaque subite ils auraient rompu les rangs des cavaliers du duc de Normandie et de ceux de Tancrède, si ces derniers n'avaient pas été sur leurs gardes. Ces cavaliers, d'après l'ordre de Bohémond, engagèrent à l'instant l'action. Suivant leur usage, les Turcs rebroussèrent chemin et ils auraient échappé aux coups de leurs adversaires par la célérité de leur fuite, si les Chrétiens ne les avaient poursuivis l'épée haute avec la plus vive ardeur. Ceux-ci les atteignirent sans peine et en firent un grand carnage.

Mais tandis que cela se passe d'un côté, de l'autre une multitude bien plus considérable de barbares descendent la colline, traversent la rivière, surprennent la garde du camp, la repoussent et viennent fondre sur cette partie des tentes où l'on avait réuni les femmes et les malades. Ils auraient sans peine égorgé les hommes et emmené les femmes prisonnières, si Bohémond n'avait été là. Mais il a tout vu, l'attaque des ennemis, le massacre des siens, la prise du camp, et aussitôt exhortant ses soldats il s'est élancé.

Les ennemis ne peuvent soutenir longtemps le choc de ce nouvel assaillant. Ils se voient attaqués de tous côtés à la fois; ils sont repoussés, ils reculent soit saisis de frayeur, soit poussés par l'espoir de se sauver; quelques-uns tombent, les autres vont chercher leur salut dans la fuite. Le sultan lui-même avait le premier donné l'exemple de la retraite.

THÈME 36.

1° **Subjonctif** conditionnel. — Gantr. 145. — **Interrogation** dubitative. — Id. 147.

2° **Génitif** complément d'un **substantif.** — Gantr. 102.

— César I, 1-46. —

Vous vous informerez peut-être du sort de ces deux corps de cavaliers, qui entraînés par l'exemple de Tancrède et du duc de Normandie, en sont venus les premiers aux mains avec la cavalerie des ennemis. On croirait sans doute qu'ils ont été vainqueurs, grâce à l'énergie de leur courage, à leur amour de la religion, à leur haine des Turcs; on s'imaginerait qu'ils ont exterminé leurs adversaires ou que du moins ils ont forcé la plupart d'entre eux à regagner les sommets de la montagne. Qui croira jamais qu'ils aient été presque culbutés ? Mais aussi qui pourrait compter le nombre des ennemis qui vinrent se joindre aux premiers ? Qui dépeindra en ce moment l'ardeur des Musulmans, la colère des Chrétiens ? On croirait que tout est changé, et que les Turcs vont triompher de ceux-là même dont ils redoutaient l'approche une heure auparavant.

Le nombre des ennemis croît à chaque moment. Que peuvent faire les Chrétiens ? Se réunir en masse et se laisser égorger sans résistance ? Et en effet comment résister ?.... Essayer de passer au travers des troupes ennemies ? Mais où aller ?.... Se diriger vers le camp ? Mais la multitude des ennemis dispersés dans la campagne leur coupera le passage.

L'arrivée de Bohémond leur rendit un peu de courage. Tous de nouveau se portent en avant ; mais cette ardeur ne peut durer : ils sont fatigués de la longueur du combat, épuisés par les blessures ; les Turcs les attaqueront avec une nouvelle rage et les vaincront plus par le nombre que par la valeur. Déjà les assaillants entourent d'un cercle épais toute l'armée des Latins.

THÈME 37.

1° **Subjonctif** conditionnel. — Gantr. 145. — **Interrogation** dubitative. — Id. 147.

2° **Génitif** complément d'un **substantif** — Gantr. 102

— César I, 1-47 —

Tout à coup mille cris de joie s'élèvent dans l'armée chrétienne, et ces acclamations jettent le trouble dans le cœur des Sarrasins. Godefroid à la tête du second corps d'armée apparaît sur les hauteurs.

A cette vue, ces Chrétiens qu'on aurait crus vaincus semblent revenir à eux; ces Turcs qu'on aurait pensés victorieux commencent à reculer. Ces soldats qui tristes, la tête penchée, regardent la terre, personne ne croirait que ce sont ces mêmes Sarrasins qui tout à l'heure savaient si bien attaquer la phalange des Latins, puis se disperser et se dérober à ses coups. On peut juger qu'ils ont perdu tout espoir de vaincre. Et pourquoi trembler à l'approche de ce nouvel adversaire? Pourquoi douter de la force de leurs bras? C'est que plusieurs croient qu'un miracle vient d'avoir lieu, et nul ne pourrait leur persuader que ce n'est pas grâce à la protection divine que Godefroid arrive si à propos. Pour les autres, ils connaissent cet ennemi, ils ont récemment éprouvé sa valeur devant les murs de Nicée. Qui d'entre eux pourrait perdre le souvenir de l'échec et de la fuite de l'armée turque?

Si l'on s'étonne de l'arrivée inattendue de ces auxiliaires, si l'on en cherche la cause, on apprendra que Bohémond, dès le commencement du combat, avait envoyé, à l'insu de ses collègues, un émissaire fidèle pour avertir Godefroid du danger de l'armée. Ce messager avait rencontré le duc à deux milles au midi de la vallée, lui avait raconté ce qui se passait, et aussitôt celui-ci avait donné l'ordre de lever le camp et de porter les enseignes en avant. Obéissant à sa voix, quarante mille Chrétiens accouraient à toute bride au secours de leurs frères.

THÈME 38.

1° Emploi de l'**interrogation**. — Gantr. 133.

2° **Génitif, ablatif** de qualité. — Gantr. 103, 123.

— César I, 1-47. —

Laquelle des deux armées l'emportera sur l'autre, les Chrétiens ou les Musulmans? Laquelle possède un plus grand nombre de guerriers d'une valeur éprouvée, d'officiers d'une grande expérience, d'un grand talent militaire? N'est-il pas vrai que les Turcs se sont montrés hommes d'une audace extrême? Mais ne sommes-nous pas forcés d'avouer que depuis le commencement de l'action, les guerriers latins semblent s'être acquis autant de gloire que leurs généraux eux-mêmes? Ne jugerons nous pas d'après cela combien la discipline militaire est utile ?

Les Latins fondent tous ensemble sur leurs adversaires; ils les attaquent par devant et par derrière. La situation des Turcs est d'autant plus périlleuse qu'ils ne peuvent plus user du mode de combat auquel ils sont particulièrement exercés. Forcés de lutter corps à corps avec des ennemis d'une vigueur peu commune, ils commencent à tomber sous l'épée ou la hache des Latins.

Mais pourquoi les yeux des Sarrasins se dirigent-ils de nouveau vers le sommet de la montagne? Qu'ont-ils vu qui remplit leur cœur d'épouvante? Sont-ce de nouveaux ennemis qui viennent se joindre aux premiers? Oui sans doute. Les Provençaux qui au nombre de dix mille environ forment l'arrière-garde du corps d'armée de Godefroid, descendent déjà la montagne. Ils ont à leur tête deux princes d'une réputation méritée, d'une grande autorité, Raymond et l'évêque Adhémar.

Ils vont décider du sort de la journée, et ce lieu où ils lutteront tirera son nom du désastre des Turcs et de la destruction de l'armée des infidèles : il en transmettra le souvenir à la postérité.

THÈME 39.

1° Emploi de l'**interrogation**. — Gantr. 133.
2° **Génitif, ablatif** de qualité. — Gantr. 103, 123.

— César I, 1-48. —

A partir de ce moment la fortune abandonna les Turcs. Dès qu'ils se virent en face de ces nouveaux ennemis et entourés de cette multitude de soldats à l'aspect belliqueux, à la taille gigantesque, peuvent-ils seulement soutenir le feu de leurs regards? Est-ce l'amour de la gloire ou l'épouvante qui prévaut dans leurs cœurs? songent-ils à résister à leurs adversaires ? s'efforcent-ils de se défendre contre leurs coups ? Non, ils ne souhaitent qu'une chose, c'est d'avoir encore la liberté de fuir. Et cependant peuvent-ils encore compter sur la vitesse de leurs chevaux aux pieds légers ? Poussés par une sorte de fureur et de démence, ils tâchent de traverser ces rangs de guerriers au courage redoutable, qui les enferment comme une muraille. Mais les Chrétiens pourront-ils permettre que cette proie leur soit enlevée? Non, non : ils les poursuivent avec ardeur, ils s'attachent à eux et ne cessent de frapper et de tuer ; bientôt toute la montagne est couverte de combattants. Ne luttent-ils pas encore longtemps et avec acharnement? La nuit était déjà avancée qu'on se battait encore depuis la rivière aux eaux rapides jusqu'aux sommets qui dominent la vallée de Gorgoni et la plaine de Dorylée. Bientôt l'ennemi manqua aux croisés : les cadavres des uns jonchaient le sol, les autres avaient pris la fuite. On dit que les deux cent mille ennemis qui survécurent à cette sanglante journée coururent toute la nuit sans s'arrêter, et qu'ils continuèrent leur route pendant deux jours sans faire halte nulle part.

THÈME 40.

1° Emploi de l'**interrogation**. — Gantr. 133.
2° **Génitif**, **ablatif** de qualité. — Gantr. 103, 125.

— César I, 1-49. —

Les vainqueurs trouvèrent dans le camp des Sarrasins et rapportèrent avec eux un butin d'une richesse inouïe. N'y trouvèrent-ils pas en effet des objets d'une grande valeur, des coupes d'or du poids de plusieurs livres, des vêtements de soie, des armes de prix et des chameaux de grande taille ?

Laquelle des deux armées avait perdu le plus d'officiers de mérite et de guerriers de courage, l'armée latine ou celle des ennemis? On compta sur le champ de bataille vingt mille cadavres turcs ; et quand on fit le recensement des morts de l'armée chrétienne, on trouva que le nombre n'en était que de quatre mille.

L'armée des Latins quitta-t-elle immédiatement ces lieux ? Non : ces hommes de cœur ne devaient-ils pas rester pour soigner leurs blessés et enterrer leurs morts ? Ils y demeurèrent donc deux jours encore.

Comment les Chrétiens continueront-ils leur route? Marcheront-ils en prenant les uns un chemin, les autres un autre? ou plutôt réuniront-ils leurs forces? Les hommes au cœur timide qui avaient proposé le premier parti n'osèrent plus ouvrir la bouche. L'armée tout entière n'avait-elle pas fait une triste expérience de leur funeste conseil? N'est-il pas vrai que les plus grands malheurs avaient failli arriver? N'avaient-ils pas manqué de perdre tous leurs chefs, toute leur cavalerie? Et surtout, si Godefroid n'était arrivé à temps, n'auraient-ils point vu leurs femmes et leurs enfants réduits en esclavage par les Musulmans ?....

THÈME 41.

1° Emploi de l'**interrogation.** — Gantr. 133.
2° **Génitif** après les mots **partitifs.** — Gantr. 104.

— César I, 1 - 49. —

Les Latins jugèrent donc que le mieux était de partir tous ensemble. Par cette disposition, ils marcheront avec plus de sécurité et moins d'inquiétude ; ils n'auront plus à redouter rien de ce qu'ils avaient craint, ni les embuscades de l'ennemi, ni la difficulté des chemins. Mais sont-ils aussi assurés de trouver assez de vivres pour eux, assez de fourrages pour leurs chevaux? Ils ne savaient pas qu'ils allaient, pendant le reste de leur route, courir les plus grands dangers. Le sultan avait rallié le plus grand nombre des fuyards et ne négligeait rien de ce qui pouvait entraver la marche de l'armée latine. Ne devançait-il pas les croisés? Ne défendait-il pas à tout ce qu'il rencontrait d'habitants des campagnes de leur fournir des vivres? Ne les forçait-il pas à abandonner leurs villages et à aller chercher au loin d'autres demeures? Ceux-ci d'après ses ordres n'incendiaient-ils pas leurs maisons et n'abattaient-ils pas les arbres de leurs vergers? Ne coupaient-ils pas leurs moissons, ne brûlaient-ils pas leurs blés, à l'exception du peu de froment qu'ils devaient emporter avec eux ?.... Les habitants fuyaient. Auraient-ils osé se plaindre ou désobéir? Et d'ailleurs le seul nom des Chrétiens absents ne leur inspirait-il pas autant d'horreur que si ces ennemis eussent été présents ?

A peine, le 3 juillet 1097, les Latins se furent-ils mis en route qu'ils remarquèrent avec autant de crainte que de douleur qu'il ne restait nulle part rien que le sol nu. Y avait-il une seule maison debout ? Non seulement il n'y avait plus de blé dans les campagnes, mais pas même une prairie dont l'herbe n'eût été fauchée ou brûlée.

THÈME 42.

1o Emploi de l'**interrogation.** — Gantr. 133.
2o **Génitif** après les mots partitifs. — Gantr. 104.

— César I, 1-50. —

De la plaine de Dorylée l'armée pénétra dans cette partie de la Phrygie que les anciens nommaient la Phrygie brûlée. Y avait-il une ou plusieurs routes par où ils pussent se diriger vers la Palestine? Une seule ; ils étaient forcés de suivre le chemin qu'avaient suivi avant eux leurs ennemis. Ils s'y engagèrent poussés par un reste d'espérance ; quelques-uns d'entre eux n'avaient-ils pas conservé un peu de provisions trouvées dans les tentes les plus riches du camp ennemi? Mais n'est-ce pas en vain qu'ils avaient espéré pouvoir rencontrer encore dans les champs quelque reste de blé, quelques bestiaux? Il ne restait rien des choses à l'aide desquelles ils auraient pu assouvir leur faim. A quelle misère ils furent bientôt réduits! Hélas! le jour n'approchait-il pas où il leur faudrait mourir de faim?

Non seulement aucun d'eux ne pouvait trouver de vivres, mais à cause de la chaleur (car tout ce pays est situé sous un ciel brûlant) il ne leur restait pas même un peu d'eau pour étancher leur soif. Déjà la plupart des bêtes de somme sont mortes par suite du manque d'eau et de fourrages.

Que feront les chefs? Abandonneront-ils tous les bagages ou se résoudront-ils à marcher à pied comme de simples fantassins? Sera-ce l'amour du bien général ou l'égoïsme qui prévaudra dans leurs cœurs? Ils crurent devoir se dévouer. Godefroid et les autres chefs renvoyèrent d'abord leurs chevaux, puis ils démontèrent tous les cavaliers et placèrent sur les coursiers devenus libres une partie des bagages; ils en abandonnèrent la majeure partie.

Avaient-ils déjà fait ainsi cent ou seulement cinquante milles? Ils ne le savaient pas. Leurs guides leur disaient qu'ils se trouvaient dans l'Isaurie, d'où ils pénétreraient en Pisidie. La capitale de la Pisidie et la ville la plus voisine des frontières de l'Isaurie, est Antiochette.

THÈME 43.

1° Emploi de l'**interrogation.** — Gantr. 133.
2° **Génitif** après les mots partitifs. — Gantr. 101.

— César I, 1-50. —

Un jour vaincus par les souffrances, les Latins s'arrêtèrent comme d'un commun accord, et quelques-uns d'entre eux déclarèrent que si l'ordre était donné de marcher en avant, ils n'obéiraient pas et n'avanceraient pas. Ne jugeaient-ils pas que le mieux était d'attendre la mort à l'endroit où ils s'étaient arrêtés? Pouvaient-ils aller plus loin, et le trépas n'était-il pas préférable à tout ce qu'ils avaient de souffrances à endurer?

Tout à coup on vint annoncer que les chiens qui suivaient l'armée avaient en errant dans les campagnes rencontré de l'eau. Cette nouvelle était-elle vraie ou fausse? y avait-il oui ou non assez d'eau pour tout le monde? était-ce une rivière ou une source? qui le savait? Tous néanmoins se précipitèrent du côté indiqué, et à deux milles de la route ils trouvèrent une rivière où un grand nombre se jetèrent quoiqu'ils fussent baignés de sueur. Ne leur fallait-il pas rafraîchir leur corps et étancher leur soif?

Plus de trois cents d'entre eux moururent dans les eaux mêmes de la rivière. N'y en eut-il pas un plus grand nombre encore qui, malades, durent être abandonnés sur les lieux? Ceux qui s'étaient moins hâtés et qui, selon ce qui leur avait été recommandé, n'étaient point entrés dans l'eau avant que la chaleur n'eût abandonné leurs membres, ceux-là recouvrèrent en se baignant les forces qui leur manquaient. Ils marchèrent à grandes journées vers Antiochette, dont les habitants se soumirent, dès qu'il eût été stipulé qu'on leur laisserait la vie sauve.

THÈME 44.

1° Emploi de l'**interrogation**. — Gantr. 133.
2° **Génitif** complément d'adjectifs. — Gantr. 105, 106.

— César I, 1-51. —

Les Chrétiens entrèrent à Antiochette fatigués de leur pénible marche et avides de repos ; et pourtant cette ville est-elle éloignée de Dorylée de plus de quarante lieues ? Le pays était-il à comparer avec celui qu'ils avaient traversé ? Non ; c'était une vaste plaine, féconde en blés, couverte de prairies, de ruisseaux, de forêts. L'armée y séjournera-t-elle, ou continuera-t-elle sa route ?..

Tandis que les Latins demeurent quelques jours dans cette ville pour se reposer et se rendre plus propres à affronter de nouveaux dangers, une foule de petits peuples qui occupaient aux environs des villages que leur avaient laissés les Turcs, se réfugièrent auprès d'eux et déclarèrent qu'ils leur amenaient des ôtages et qu'ils s'offraient à être pour toujours sous leur autorité et leur protection. Ils avaient reçu dans leur pays tantôt les Grecs, tantôt les Turcs. Ayant fait l'expérience de la cruauté des Sarrasins et connaissant par la renommée le courage et l'humanité des Chrétiens, ils préféraient se soumettre à des Latins qu'à des Turcs ou des Grecs.

N'étaient-ils pas eux-mêmes amis de la religion du Christ?

Quoique habitant une contrée lointaine et inconnue, n'étaient-ils pas les fils de ces Gaulois qui, l'an 278 de la fondation de Rome, avaient quitté leurs bourgades pour porter leurs armes jusque dans l'Asie mineure? Etaient-ce ou non leurs pères qui conduits par Brennus, ce chef si désireux de gloire, si habile dans l'art de la guerre, avaient passé le Bosphore, pris et pillé Héraclée, et puis se choisissant parmi tant de contrées la plus riche en pâturages, la plus fertile en fruits de toute espèce, s'étaient enfin établis sur les bords du fleuve Halys?

THÈME 45.

1° Emploi du pronom **sui** et de l'adjectif **suus**. — Gantr. 131.
2° **Génitif** complément d'adjectifs. — Gantr. 105, 106.

— César I, 1-51. —

Pendant que l'armée séjournait à Antiochette, on envoya deux corps en expédition, soit pour protéger contre les Turcs les nombreux Chrétiens habitant le pays, qui ne savaient quel parti prendre, soit pour requérir des peuplades soumises, des vivres et des approvisionnements. L'un de ces corps était composé de Flamands, l'autre d'Italiens. Chacun d'eux avait son chef particulier : le premier était commandé par Baudouin , frère de Godefroid ; le second , par Tancrède , l'un des chevaliers qui avaient suivi Bohémond de Tarente. Le chevalier italien qui ne connaissait pas la crainte, et qui avait la conscience de son courage et de celui de ses compagnons d'armes, fut en peu de temps maître de toute la Cilicie. Il faisait fuir partout les Turcs moins par la supériorité de ses forces, que par la terreur que leur inspiraient la récente victoire de Dorylée et le nom de l'armée latine. Baudouin s'acquit moins de gloire que son collègue à cause de sa conduite perfide devant Tarse.

Quand il fut de retour à l'armée, s'irrita-t-il des reproches que Godefroid informé de sa perfidie crut devoir lui adresser, ou fut-il emporté par son ambition qui ne connaissait pas de bornes? Quoi qu'il en soit, oubliant les liens anciens et légitimes qui l'unissaient à l'armée latine, ne se souvenant que de sa propre gloire, impatient de tout joug et de toute autorité, il résolut de tenter la fortune pour lui-même.

Les premiers soldats à qui il offrit de prendre leur part de ses travaux et de ses conquêtes, repoussèrent ses propositions. Enfin il persuada en leur promettant de grandes récompenses à mille soldats et à deux cents cavaliers de tenter la fortune avec lui.

THÈME 46.

1° Emploi du pronom **sui** et de l'adjectif **suus**. — Gantr. 131.
2° Les mêmes dans les propositions subordonnées. — Gantr. 163.

— César I, 1-52. —

C'est pendant la nuit, comme s'il avait pensé que sa fuite pût être cachée ou ignorée, que Baudouin partit du camp des croisés. Il se dirigea vers l'Arménie, et partout à l'aide des nombreux Chrétiens habitant le pays, il parvint sans peine à chasser les Turcs et à prendre la place que les Chrétiens grecs avaient occupée avant eux.

Après quinze jours de marche, il arriva sur les rives de l'Euphrate, et comme il avait l'intention de traverser ce fleuve, il reçut une députation dont les chefs étaient l'évêque et douze des principaux habitants de la ville d'Édesse. Ils étaient chargés de lui dire que « seule de tout le pays la ville d'Édesse n'avait point encore été réduite à se soumettre aux Turcs, à leur donner des ôtages et à leur jurer de rester sous leur domination. C'était pour cela que des Chrétiens étaient accourus chez eux de toutes les villes voisines avec toutes leurs richesses et y avaient établi leur demeure. Mais deux partis divisaient la ville ; l'un d'eux préférait la domination étrangère, et entretenait des relations secrètes avec l'ennemi. D'où il était arrivé que les infidèles la menaçaient sans cesse et qu'ils avaient même forcé leur gouverneur, bien qu'il eût été nommé par l'empereur de Constantinople, à leur payer un tribut annuel. Ils priaient donc, ils conjuraient l'illustre prince latin de sauver une ville chrétienne du danger de retomber sous le joug des Sarrasins. »

THÈME 47.

1° Emploi du pronom **sui** et de l'adjectif **suus**. — Gantr. 131, 163.
2° Verbes **se souvenir, oublier**. — Gantr. 107. — Verbes **pœnitet, pudet**, etc. — 87, 108.

— César I, 1-52. —

Baudouin ne repoussa point les propositions qui lui étaient faites. Il hâta sa marche et traversa l'Euphrate avant que les Turcs ne pussent lui barrer le chemin. Avertis de son approche et connaissant les dispositions des habitants d'Édesse à leur égard, ceux-ci l'attendaient placés en embuscade sur la route. Mais prenant pour guides des gens du pays, il se détourna de la grand'route et arriva sur le territoire d'Edesse.

Il n'eut point honte de cette résolution, car il avait pitié de la fatigue de ses soldats, et puis il se souvenait d'une chose importante : il se rappelait que, forcé de laisser un nombre suffisant d'hommes pour garder les places qui s'étaient rendues à lui, il ne commandait plus qu'à ses deux cents cavaliers. Il ne se repentit donc pas de sa prudence.

Quand les Édesséniens apprirent l'arrivée de ceux qu'ils nommaient leurs libérateurs, une foule immense vint à leur rencontre. Toute la ville ressentit la plus vive impatience et le plus vif désir de les voir, et le gouverneur nommé Thoros qui avait été contraint par son peuple à appeler les Latins à son secours, commença à regretter sa faiblesse. Craignant pour son autorité, il ne rougit point d'oublier sa propre dignité et d'essayer de gagner Baudouin par des paroles flatteuses et de riches présents. Mais Baudouin qui concevait un grand espoir de régner en sa place, déclara qu'il ne combattrait point à moins que Thoros ne le désignât pour son successeur.

THÈME 48.

1o Emploi du pronom **sui** et de l'adjectif **suus**. — Gautr. 131, 163.
2o Verbes **se souvenir**, **oublier**. — Gautr. 107. — Verbes **pœnitet**, **pudet**, etc. — 87, 108.

— César I, 1-53. —

Thoros voyant qu'il ne pouvait amener le frère de Godefroid à se repentir de son obstination, lui promit de lui-même ce qu'il avait refusé à ses prières et l'adopta pour son fils, tout en rougissant de son impuissance. Lorsque la cérémonie de son adoption eut été accomplie conformément à la coutume des Orientaux, en présence des guerriers latins et des habitants, Baudouin prépara tout ce qui lui était nécessaire pour faire la guerre aux Sarrasins.

Il y avait à l'occident d'Édesse une ville appelée Samosate dont les infidèles avaient seuls depuis longtemps la libre possession. L'émir qui y commandait était un homme barbare et violent. Depuis qu'il avait une fois vaincu les Édesséniens, il n'avait plus eu de pitié pour eux; il exigeait pour ôtages les fils des principaux de cette ville et ne rougissait pas d'exercer sa cruauté à leur égard chaque fois que le tribut n'était pas payé au jour fixé, (car il avait levé sur Édesse, par le droit de la victoire, le tribut que les vainqueurs ont coutume d'imposer aux vaincus). Baudouin marcha vers cette ville à la tête d'une troupe nombreuse.

Mais les habitants avaient été prévenus de ces projets d'attaque, et d'ailleurs la ville était si bien fortifiée qu'elle offrait toute facilité de faire traîner un siége en longueur. Les assiégeants commencèrent bientôt à s'ennuyer de ces retards. Ils avaient honte de leur oisiveté, et se souvenant de leurs griefs ils brûlaient du désir de se venger des Turcs. Aussi oubliant toute retenue, ils dévastaient les campagnes environnantes, brûlaient les maisons des faubourgs, cherchaient et emmenaient les habitants, qu'ils traitaient en ennemis.

THÈME 49.

1° Emploi du pronom **sui** et de l'adjectif **suus**. — Gantr. 131, 163.

2° Verbes **se souvenir, oublier.** — Gantr. 107. Verbes **pœnitet, pudet**, etc. — 87, 108.

— César I, 1-53. —

Pendant ce temps, ceux qu'on avait laissés à Édesse formaient le complot de mettre à mort le gouverneur Thoros. Ils lui faisaient un crime de rester oisif tandis que Baudouin combattait. Ils rappelaient sa faiblesse, son impuissance, sa lâcheté. Ils croyaient qu'il y avait là cause suffisante pour punir le gouverneur ou forcer Baudouin à sévir contre lui. Ils ne rougissaient point de leur dureté à l'égard d'un vieillard, ils n'avaient nulle pitié de son grand âge, ils oubliaient les services qu'il avait rendus à la ville. Se souvenant du peu d'affection de Baudouin pour leur gouverneur, ils n'avaient point à craindre de blesser ses sentiments de piété filiale.

Quelques auteurs (ce que nous regrettons de dire) avancent que Baudouin était informé de l'odieuse conspiration tramée contre son père adoptif. S'ils n'affirment point qu'il en fut le complice, ils disent du moins qu'il n'eut point honte de laisser commettre ce crime qu'il pouvait empêcher.

Quoi qu'il en soit, Baudouin avait quitté le siége de Samosate et était présent à Édesse, quand une multitude poussée par la fureur se précipite vers la citadelle où l'infortuné Thoros, averti de leurs projets, avait cherché un refuge. Les bourreaux l'entourent pour l'empêcher de fuir : en vain il se jette à leurs pieds, en vain il leur parle en suppliant et implore la vie : ils n'ont point pitié de ses larmes. Il leur rappelle alors son dévouement, ses services passés ; il leur promet d'abdiquer, de laisser le pouvoir à Baudouin, et de se retirer dans quelque monastère éloigné : les conjurés n'ont point honte de se rire de ses supplications.

THÈME 50.

1° Emploi du pronom **sui** et de l'adjectif **suus**. — Gantr. 121, 163.
2° Verbes **se souvenir, oublier**. — Gantr. 107. — Verbes **pœnitet, pudet**, etc. — 87, 108.

— César I, 1-54. —

Tandis qu'il essaie de les fléchir, les conjurés se consultent. Quel genre de supplice lui feront-ils subir? périra-t-il par le glaive ou sera-t-il attaché au gibet? Enfin il est saisi, arraché des mains de ses serviteurs, et précipité du haut des remparts.

Aussitôt après, les conjurés, qui ne se repentaient pas de leur crime, crurent devoir se hâter d'aller offrir le pouvoir suprême au prince latin. Il ne rougit point de l'accepter et de se laisser proclamer gouverneur d'Édesse. Cette nouvelle portée au camp de Samosate n'y causa pas moins de joie que n'en eût causé la victoire elle-même. Les soldats eurent honte de leur inaction, et l'assaut qu'ils voulaient remettre à un jour plus éloigné, ils l'avancèrent. Ils s'approchèrent tous ensemble des murs, et se mirent à lancer sur les ennemis des pierres et des traits. Mais ils durent encore cette fois renoncer à leur tentative.

Voyant que l'ennemi se tenait enfermé dans la place et ne lui offrait jamais l'occasion de combattre, Baudouin n'eut pas honte de faire dire à l'émir de Samosate qu'il désirait traiter avec lui de la reddition de la place. Il ne rougit point d'acheter la paix avec les trésors que son père adoptif lui avait laissés. Ce que nous regardons comme une honte pour lui et pour le nom latin, il termina ainsi plusieurs guerres, oubliant sa dignité de chrétien et de chevalier. C'est ainsi que peu à peu toutes les nations environnantes s'habituèrent à le regarder comme leur allié et non comme leur ennemi.

Il se rendit de plus en plus agréable à ces peuples en prenant pour épouse la sœur d'un prince arménien. Par ce mariage il étendit sa puissance sur presque tout le pays qu'occupait autrefois le royaume d'Assyrie.

THÈME 51.

1° **Subjonctif** après la conjonction **ut.** — Gantr. 148.

2° **Génitif** de la **valeur** ou du **prix.** — Gantr. 109.

— César I. — II, 1. —

Pendant que Tancrède soumettait la Cilicie, comme nous l'avons dit plus haut, il apprenait par les lettres fréquentes de Godefroid que l'armée chrétienne avait quitté Antiochette, qu'elle franchissait le mont Taurus pour entrer en Syrie, et qu'elle se hâtait le plus qu'elle pouvait afin de parvenir à Antioche.

Le comte de Flandre dont chacun estimait beaucoup le mérite militaire, avait été envoyé en avant avec mille fantassins et quelques cavaliers pour se rendre maître d'Artésie. C'est vers cette ville que le chevalier italien se dirigea pour se réunir à l'armée. Son arrivée causa à tous la joie la plus vive : ils se voyaient rendu un homme dont ils faisaient le plus grand cas. Autant ils l'estimaient, autant ils méprisaient Baudouin : le premier avait montré qu'il faisait moins de cas de la gloire que de l'honneur, le second au contraire avait préféré son propre intérêt au bien général.

Dès ce moment on donna les ordres les plus sévères pour que les chefs dont le mérite militaire, le courage, la prudence étaient le plus estimés, restassent avec l'armée. On avait appris en effet que tous les chefs musulmans (ceux du moins qui avaient les moyens de lever des troupes) s'étaient ligués et réunissaient leurs forces afin d'attendre l'ennemi au pont de fer situé sur l'Oronte. C'était le seul endroit où l'on pût traverser le fleuve : ils avaient donc l'intention d'empêcher les troupes chrétiennes de passer pour aller faire le siége d'Antioche, dont la prise était pour elles du plus haut intérêt.

THÈME 52.

1° **Subjonctif** après la conjonction **ut**. — Gantr. 148.

2° **Génitif** de la **valeur** ou du **prix**. — Gantr. 109.

— César I. — II, 1. —

Les troupes musulmanes avaient pris position sur la rive gauche et sur le pont de l'Oronte. Ce pont était assez solide pour supporter deux cents combattants, et ceux-ci s'étaient massés de façon à interdire le passage aux ennemis, quelque nombreux qu'ils fussent. A chacune des extrémités du pont s'élevaient deux tours hautes de vingt pieds et toutes revêtues de fer. Les Turcs y avaient placé une garde choisie parmi ceux d'entre eux dont ils estimaient le plus le courage et la force.

Méprisant au plus haut point ces préparatifs,

Robert de Normandie qui commandait l'avant-garde de l'armée latine, n'hésita pas à s'avancer pour livrer combat immédiatement. Aussitôt du haut des tours les guerriers sarrasins se mirent à lancer des traits sur les arrivants. On combattit de part et d'autre avec acharnement et comme des gens qui ne font aucun cas de la vie. Au signal donné, les Latins s'étaient élancés avec tant d'impétuosité sur ceux qui défendaient le pont, qu'il ne restait plus assez d'espace pour lancer les traits, ni manier l'épée ; ils combattaient corps à corps à l'épée. Plusieurs des guerriers chrétiens faisaient si peu de cas du courage de leurs adversaires, qu'ils arrachaient avec la main le bouclier des ennemis et les frappaient d'en haut. Les rangs étaient si mêlés que craignant de blesser leurs propres compagnons, les soldats placés sur les tours avaient jugé que ce qu'ils avaient de mieux à faire était de rester spectateurs de la lutte. Mais telle était la multitude des Musulmans, que les Chrétiens allaient se trouver écrasés par le nombre, si les chefs qui suivaient avec le gros de l'armée (1) n'avaient envoyé une nouvelle troupe pour soutenir la première ébranlée.

(1) Summa exercitus (Voir Cæs. VI, 34).

THÈME 53.

1° **Subjonctif** après la conjonction **ut**. — Gantr. 148.
2° **Génitif** de la **valeur** ou du **prix**. — Gantr. 109.

— César I. — II, 1. —

Par l'arrivée de ce renfort, le combat se trouva rétabli. Tous les Chrétiens saisissent leur lance et formant la tortue (1) s'élancent sur le pont avec tant de rapidité que tous les ennemis battent en retraite. Ils ne cessèrent de fuir que lorsqu'ils furent arrivés aux portes de la ville qui était éloignée de quatre lieues. Les cavaliers s'élancèrent pour les poursuivre, et en atteignirent un grand nombre qu'ils mirent à mort.

Sortis vainqueurs de ce premier engagement, les Chrétiens s'établirent sur les deux rives du fleuve, afin de se préparer à marcher sur Antioche, sur cette place dont la possession était estimée au plus haut degré par les Turcs.

La ville d'Antioche, célèbre dans les premiers siècles du christianisme, était depuis quatorze ans au pouvoir des Sarrasins, et elle ne leur avait pas peu coûté. A quel prix l'avaient-ils acquise ? au prix du sang de ceux dont le courage était le plus

---

(1) C.-à-d. se couvrant la tête de leurs boucliers. Tortue, *testudo* (Voir Cæs. II, 6.).

estimé par eux. Il n'était pas douteux qu'ils ne la vendissent aussi cher qu'ils l'avaient achetée.

Le gouverneur Accien faisait tant de cas de la renommée des Latins, qu'il entretenait dans la ville une garnison de sept mille hommes de cavalerie et de vingt mille d'infanterie. La place était tellement bien fortifiée par la nature et par l'art, qu'il ne semblait pas possible de la prendre. En effet, le fleuve Oronte l'entoure au nord et à l'occident; de hautes collines, au midi et à l'orient. Tout l'espace laissé libre par le fleuve et les collines est occupé par de fortes murailles. Sur l'un des sommets à l'orient s'élève la citadelle; elle est entourée d'une nouvelle enceinte d'une telle étendue, qu'elle réunit la citadelle à la ville. Le bruit courait dans les rangs des Latins que la longueur du rempart ne devait pas être estimée à moins de trois lieues de circuit.

THÈME 54.

1° **Subjonctif** après la conjonction **ut**. — Gantr. 148.
2° Verbes **accuser**, **condamner**, etc. — Gantr. 110.

— César I. — II, 1, 2. —

Tandis que l'armée latine séjournait sur les rives de l'Oronte pour attendre l'ordre de lever le camp et de marcher, des hommes que l'on ne peut absoudre d'une accusation de mensonge et qui convaincus de ce crime furent plus tard condamnés à l'expulsion , des marchands indigènes interrogés secrètement par les Chrétiens, leur répondaient unanimement que le siége d'Antioche devait nécessairement traîner en longueur, et que d'ailleurs les Turcs levaient encore des troupes et les réunissaient pour augmenter les forces de la place.

Troublés par ces renseignements, des soldats, des chevaliers même , coupables de trop de crédulité , s'effrayaient outre mesure , non pourtant au point qu'on pût les accuser de lâcheté. Ceux d'entre eux qui ne voulaient point être taxés de timidité, disaient qu'ils ne craignaient point l'ennemi, mais les pluies , les froids , les maladies et le manque de vivres. Ils croyaient que les Latins étaient trop épuisés par les privations, trop fatigués par la longueur d'une route pénible pour pouvoir en venir pour le moment aux mains avec les Turcs. « Pour être sûrs de la victoire , les Chrétiens devaient , disaient-ils, attendre que les troupes auxiliaires qu'avait promises l'empereur Alexis, fussent arrivées dans ces contrées. Et pour attendre le retour du printemps et la venue de ces renforts, il fallait qu'ils allassent, les uns par une route , les autres par une autre , passer l'hiver dans les villes voisines déjà soumises par les armes de Tancrède et de Baudouin. Ils aimaient mieux , disaient-ils enfin, être accusés de crainte folle par l'armée que condamnés par l'Europe du chef de trahison. »

THÈME 55.

1° **Subjonctif** après la conjonction **ut.** — Gantr. 148.

2° Verbes **accuser**, **condamner**, etc. — Gantr. 110.

— César I. — II, 1, 2. —

Tant s'en fallait que ces discours parvinssent à changer les dispositions du plus grand nombre, qu'au contraire ils faisaient naître une plus vive ardeur et un désir plus grand de marcher à l'ennemi. A dire vrai, on avait peu de confiance en Alexis; beaucoup l'accusaient de timidité et déjà une fois lors de la prise de Nicée, il avait été convaincu de trahison. Si quelques-uns s'effrayaient des difficultés du siége, s'ils désespéraient de la victoire et s'ils couvraient leurs craintes du prétexte de l'approche de l'hiver, les autres répondaient qu'il fallait assiéger la ville avec assez d'activité et de diligence pour qu'elle fût prise avant que la mauvaise saison ne fût venue. Pour tout dire en un mot, ceux qui avaient conçu une mauvaise opinion de la prudence de leurs généraux, ne répondirent plus rien dans la crainte d'être accusés de lâcheté ou de mauvais vouloir. Les chefs alors crurent ne pas devoir hésiter, et levant le camp, ils arrivèrent en quelques heures sur le territoire d'Antioche.

Dès qu'ils eurent choisi un emplacement convenable pour le camp, les chefs formèrent trois lignes et ordonnèrent à la première et à la seconde de rester sous les armes, à la troisième de dresser les tentes. Les Turcs, coupables de trop de sécurité, restèrent confinés dans la ville et n'envoyèrent point de troupes pour harceler les Latins et les empêcher de travailler. Le camp achevé, les chefs divisèrent l'armée en différents corps et les rangèrent par nations. Ils chargèrent les uns de garder les postes, les autres de défendre le camp, d'autres d'empêcher l'ennemi de faire des sorties et de recevoir des munitions. Tant s'en fallut cependant qu'ils prissent toutes les précautions, qu'ils laissèrent aux ennemis la libre navigation du fleuve.

THÈME 56.

1° **Subjonctif** après la conjonction **ut.** — Gantr. 148.

2° Verbes **accuser**, **condamner**, etc — Gantr. 110.

— César I. — II, 1, 2. —

Les Chrétiens furent en cela coupables d'une telle imprévoyance, qu'on peut certainement les accuser d'inexpérience et de légèreté. Dès qu'ils surent que presque chaque nuit on amenait par là aux assiégés du blé, des bestiaux et des armes, dès qu'ils virent que les Turcs sortaient souvent de ce côté pour les harceler et tomber à l'improviste sur les soldats dispersés, alors enfin les Latins comprirent qu'ils pouvaient à juste titre être taxés d'imprudence. Pour pouvoir atteindre l'ennemi, ils firent à la hâte un pont de bateau sur l'Oronte. Ils le couvrirent d'un nombre de combattants suffisant pour accabler les assiégés d'une multitude de traits, s'il s'en rencontrait sur la rive qui touchait à la ville.

Pendant qu'on s'occupait ainsi à couper le passage aux assiégés, Tancrède et d'autres chevaliers que l'on n'accusera pas d'oisiveté ou de négligence, avaient coutume d'aller chaque jour en expédition aux environs. Souvent ils rencontraient des Sarrasins sortis de la ville pour fourrager ; ils engageaient l'action avec une telle vigueur qu'ils les culbutaient du premier choc, en tuaient un grand nombre et mettaient le reste en fuite.

Une chose qui est de nature à nous causer non moins d'étonnement que le courage de Tancrède, c'est sa modestie. Seul peut-être de tous les chevaliers de l'époque, on ne peut l'accuser de jactance. Pour le prouver, les auteurs rapportent qu'un jour au milieu de ses exploits, le brave chevalier arrêtant par le bras son écuyer en qui il avait la plus grande confiance, et lui présentant la croix de son épée, lui ordonna de jurer que jamais il ne raconterait à personne les glorieux faits d'armes dont il avait été témoin.

THÈME 57.

1° **Subjonctif** après les conjonctions **ut** et **ne**. — Gantr. 148, 149.

2° **Génitif** avec les verbes **esse**, **fieri**, **interest**, **refert**. — Gantr. 111, 112.

— César I. — II, 1-3. —

Il est du devoir des chefs d'une armée de pourvoir aux vivres ; il est de leur intérêt que tous les soldats aient en route de la nourriture en abondance. Les princes latins l'avaient tellement bien compris, qu'avant de quitter Antiochette ils avaient préparé tout ce qui était nécessaire pour une expédition lointaine. Mais le siége traînait en longueur et l'hiver était arrivé plus tôt qu'on ne l'avait prévu. Les croisés, qui s'étaient flattés de pouvoir affamer l'ennemi, commencèrent à craindre de n'avoir plus eux-mêmes de quoi assouvir leur faim. Il leur importait d'empêcher que cela n'arrivât. Chaque jour une multitude de guerriers pressés par la faim venaient réclamer les vivres que les officiers leur avaient promis.

« Ils avaient assez bien mérité de la cause du Christ pour ne pas mourir de faim presque en présence de l'armée ennemie. Il leur importait de ne pas être vaincus par les souffrances plus tôt que par les armes, tandis que la ville était abondamment fournie de munitions de toute espèce. »

Les princes commencèrent à craindre d'être abandonnés dans un moment si critique d'un grand nombre de leurs meilleurs soldats. Ils crurent qu'il était de leur devoir, qu'il importait au succès de l'entreprise, d'envoyer une troupe d'élite chez les habitants des provinces voisines d'Antioche, pour leur persuader de leur vendre des vivres ou plutôt pour les forcer d'en donner. Car ces peuples n'étaient certainement pas dans d'assez bonnes dispositions à l'égard des Latins pour leur en fournir de plein gré. D'un autre côté ils étaient les frères et les parents de ceux d'Antioche, ils avaient les mêmes lois, les mêmes usages, la même langue : il était de leur intérêt de faire cause commune avec eux. Il était donc certain qu'ils s'étaient ligués avec eux contre l'ennemi commun et que les premiers les avaient détournés de la pensée de venir en aide aux Latins, soit en leur donnant des vivres, soit d'une autre façon.

THÈME 58.

1° **Subjonctif** après les conjonctions **ut** et **ne**. — Gantr. 148, 149.

2° **Génitif** avec les verbes **esse**, **fieri**, **interest**, **refert**. — Gantr. 111, 112.

— César I. — II, 1-3. —

Le lendemain, (c'était le 25 décembre 1097) le comte de Flandre et le prince de Tarente s'éloignèrent du camp à la tête de quinze à vingt mille hommes. Ils crurent qu'il leur importait de partir à la pointe du jour, de peur que les assiégés informés de leur départ ne s'efforçassent de leur barrer le chemin. Il était de leur intérêt que cette expédition fût tenue secrète, non parcequ'ils craignaient d'en venir aux mains avec les Sarrasins, mais parce qu'il était à craindre que l'ennemi ne les retardât, et il était de leur devoir de prendre garde que l'armée ne fût plus longtemps privée de vivres.

Ils marchaient depuis longtemps, et ils commençaient à craindre de ne rien trouver, quand ils rencontrèrent un convoi de provisions qu'escortait un corps nombreux de Musulmans. Ils les attaquèrent sans s'arrêter avec une impétuosité telle que la plupart des ennemis lâchèrent pied aussitôt et prirent la fuite. Un petit nombre cependant crurent qu'il était d'un bon mahométan de résister. Ils s'étaient fait un rempart de leurs chariots, de telle sorte que les uns lançaient d'en haut une grêle de traits sur les assaillants, et que les autres placés entre les chariots et les roues, blessaient les Chrétiens de leurs javelots et de leurs flèches. La troupe latine était plus légère et tellement plus nombreuse qu'ils ne pouvaient lutter avec elle. Après un long combat, les Latins s'emparèrent des chariots et des bagages. Un grand nombre de Sarrasins furent tués, les autres craignant d'être traités de la même manière crurent qu'il était de leur intérêt de livrer leurs armes. A cause du courage extraordinaire dont ils avaient fait preuve, on leur accorda à leur demande la permission de retourner dans les villages d'où ils étaient partis.

THÈME 59.

1° **Subjonctif** après les conjonctions **ut** et **ne**. — Gantr. 148, 149.

2° **Génitif** avec les verbes **esse**, **fieri**, **interest**, **refert**. — Gantr. 111, 112.

— César I. — II, 1-3. —

Ce n'était pas sans de grands frais et de grands périls qu'on pouvait approvisionner une multitude de six cent mille hommes réunis en un même lieu. Bien qu'il fût du devoir des chefs d'empêcher que le sort des assiégeants ne fût pire que celui des assiégés, ils ne purent empêcher que cela n'arrivât. Bientôt la dernière troupe envoyée en expédition revint annoncer qu'il ne restait plus rien dans aucun des villages de cette partie de la Syrie, que tous avaient été ravagés soit par les Turcs, soit par les Latins. Il fut du devoir des chefs de renoncer à ces tentatives.

Alors on put craindre que l'armée tout entière ne succombât aux maladies que firent naître la disette de vivres, la rigueur du froid et l'abondance des pluies. Il mourut tant d'hommes que les prêtres ne pouvaient aider tous les mourants (comme c'était leur devoir) des consolations de la religion.

Pour ne pas subir le même sort que leurs frères, beaucoup crurent qu'il était de leur intérêt de faire ce qu'avait fait déjà Baudouin, d'abandonner l'armée pour tenter la fortune. Les uns allèrent chercher asile dans cette partie de la Mésopotamie où régnait le frère de Godefroid, les autres se dirigèrent vers les différentes villes de Cilicie qui étaient tombées au pouvoir des Chrétiens. Il était du devoir des princes de l'armée de mettre un terme à ces désertions. Pour y parvenir ils firent rechercher et ramener quelques-uns de ces transfuges, et afin d'effrayer les autres et de les détourner de la pensée d'en agir de même, ils traitèrent en ennemis ceux qui furent ramenés. Ils les livrèrent aux supplices.

THÈME 60.

1° **Subjonctif** après les conjonctions **ut** et **ne**. — Gantr. 148, 149.

2° **Ablatif** avec les **verbes passifs**. — Gantr. 113.

— César I. — II, 1 - 4. —

Ils firent ensuite comprendre aux autres qu'il était de leur intérêt à tous, qu'il importait à la cause chrétienne que personne ne désespérât du succès des armes latines ; ils les amenèrent même à jurer de nouveau de marcher à la conquête de la Palestine.

Cependant des vivres et des munitions de toute espèce furent envoyés par Baudouin et par quelques princes arméniens sollicités par lui. D'où il arriva que les Chrétiens se sentirent animés d'une nouvelle ardeur, et se déclarèrent prêts à braver tous les périls.

En même temps que ces excellentes nouvelles étaient apportées aux chefs de l'armée par les officiers des différents corps, il leur venait une députation envoyée par le calife d'Égypte. De crainte que l'armée ne parût à ces ambassadeurs avoir perdu quelque chose de sa grandeur et de sa force, les princes firent élever une tente magnifique. C'est là que les ambassadeurs furent reçus par eux. L'un des Égyptiens parla au nom de ses collègues, et dit : « que deux partis divisaient depuis quatre siècles les sectateurs du Prophète; l'un d'eux avait pour chef les Égyptiens, l'autre les Turcs. Il y avait chez eux quelques hommes qui jouissaient du plus grand crédit auprès du peuple et du prince; ces hommes au moyen de discours adroits et trompeurs détournaient le calife de faire alliance avec les Chrétiens. Malgré eux et à leur insu ce prince aimait les Latins et leur était dévoué à cause de leur haine contre les Turcs. Ils savaient bien que les Latins ne faisaient cette guerre qu'afin de punir les Turcs pour les outrages, les injures dont leurs frères et leurs parents de Jérusalem avaient été victimes. Mais 'Égypte n'en tirerait pas un moindre avantage ; car les Turcs n'avaient quitté les bords de l'Euphrate, que pour choisir dans toutes les contrées du monde, la plus fertile et la plus florissante. »

THÈME 61.

1° **Subjonctif** après les conjonctions **ut** et **ne**. — Gautr. 148, 149.

2° **Ablatif** avec les **verbes passifs**. — Gautr. 113.

— César I. — II, 1-4. —

« Et il était à craindre que, maîtres de l'Asie Mineure, les Turcs ne songeassent à aller porter la guerre sur les rives du Nil.

« Ils avaient donc certaines choses qu'ils désiraient communiquer de la part de leur maître aux princes de l'armée latine. Afin d'empêcher ces ennemis de pousser plus loin leurs conquêtes, afin de les forcer même à se retirer de l'Asie mineure, le calife enverrait une armée nombreuse et vaillante pour soutenir les Latins. Elle se réunirait aux troupes latines afin d'occuper avec elles la Syrie et la Palestine. Cette conquête achevée, puisque les Latins ne voulaient et ne désiraient entrer en Palestine que pour prier sur le tombeau du Christ, le calife leur permettrait d'entrer à Jérusalem, après avoir livré leurs armes, et d'y séjourner un mois.

« Si donc les Chrétiens, reconnaissant l'équité de ces conditions, ne repoussaient point l'amitié du calife, s'ils demeuraient fidèles à ce qui aurait été convenu, les Égyptiens seraient pour toujours leurs alliés les plus sincères. Mais s'ils refusaient, s'ils préféraient la guerre, le calife ne craindrait pas de les combattre. Il renoncerait à leur alliance avec non moins d'empressement qu'il la désirait; et ils seraient traités en ennemis non seulement par les Égyptiens, mais encore par tous les disciples de Mahomet qui habitent depuis les bords du Nil jusqu'au détroit de Gadès. »

Ce discours terminé, quand on connut dans le camp l'arrogance des paroles de l'ambassadeur, la défense par lui faite aux Latins d'entrer dans Jérusalem, l'indignation fut à son comble.

THÈME 62.

1° **Subjonctif** après les conjonctions **ut** et **ne**. — Gantr. 148, 149.

2° **Ablatif** avec les **verbes passifs**. — Gantr. 113.

— César I. — II, 1-5. —

Un des chefs se leva pour répondre. « Par le droit de la guerre, dit-il, le vainqueur doit seul profiter du fruit de sa victoire, et il ne peut être gêné par personne dans l'exercice de ce droit. Comme nous ne demandons pas l'aide ni la protection des Égyptiens, il est injuste qu'aucunes conditions nous soient imposées par eux, et d'ailleurs les conditions du calife sont de celles que les vainqueurs ont coutume d'imposer aux vaincus.

« L'amitié du peuple égyptien doit nous rapporter honneur et profit, et non pas tourner à notre détriment. Nous avons traversé les mers, nous sommes venus dans ce pays à travers mille dangers non seulement pour voir Jérusalem, mais pour délivrer cette ville du joug d'un peuple impie et sanguinaire. Voilà le serment que nous avons fait et nous sommes décidés à le tenir. Que si le calife a assez d'audace pour nous parler de sa bienveillance à notre égard, nous répondrons que nos pèlerins ont été tourmentés et mis à mort aussi bien par les Égyptiens que par les Turcs.

« La Palestine est notre bien comme l'Égypte est le vôtre. Qu'avez-vous à faire dans ce pays que nous voulons conquérir? Quel droit avez-vous sur Jérusalem? Les Chrétiens seuls doivent garder le tombeau du Sauveur, parce que seuls ils croient que ce Dieu est descendu sur la terre afin de souffrir et de mourir pour eux. Que votre maître prenne garde d'envoyer une armée en Asie pour qu'elle ait le même sort que l'armée turque de Nicée et de Dorylée, pour qu'elle soit battue par nous comme le seront dans quelques jours les défenseurs d'Antioche. Les Latins ont appris de leurs ancêtres à s'appuyer sur la protection divine et la justice de leur cause. Aussi ils ne redoutent ni les Égyptiens, ni tous les peuples d'Afrique et d'Asie. » Cela dit, les députés se retirèrent.

THÈME 63.

1° Verbes qui se construisent avec l'**infinitif** ou avec **ut**. — Gantr. 167.

2° **Ablatif** avec les **verbes passifs**. — Gantr. 113.

— César I. — II, 1 - 5. —

Il y avait dans les provinces voisines quelques petits peuples compris par les historiens sous la dénomination commune de Musulmans. Les uns, issus des Turcs, avaient traversé l'Euphrate avec eux; ils avaient chassé les Syriens qui habitaient ces pays, et s'y étaient établis à cause de la fertilité du sol. Les autres, Syriens ou Grecs d'origine, avaient été poussés par la crainte à se mettre sous la protection et la puissance des Sarrasins. Ces peuplades étaient peu puissantes, si l'on pouvait leur persuader de tenir leurs forces divisées; mais si on leur permettait de les réunir, ils pouvaient fournir trente ou quarante mille hommes.

A peine l'ambassade égyptienne avait-elle quitté le camp, que les Chrétiens apprirent que toutes ces peuplades encouragées par les assiégés avaient rassemblé leurs forces, et qu'une armée qu'on croyait forte de vingt mille hommes environ marchait vers la place. Aussitôt Bohémond et le comte de Flandre se mirent en devoir de leur barrer le passage. Partis du camp à la tête d'une troupe d'élite, ils les attaquèrent non loin du pont de fer, entre l'Oronte et le lac d'Antioche. Dès le premier choc les Musulmans furent culbutés et mis en fuite par les Latins. Ils perdirent deux mille guerriers et mille chevaux.

Les députés égyptiens étaient sur le point de s'embarquer pour retourner dans leur pays. On désira qu'ils pussent y annoncer ce dont les Latins étaient capables. Pour cela, les vainqueurs eurent soin de leur envoyer à dos de chameaux les têtes et les dépouilles de deux cents des Sarrasins qui avaient trouvé la mort dans ce combat. Ils les prièrent de les offrir en présent au calife. Ils voulurent également que les assiégés fussent informés de ce qui s'était passé. On ordonna donc que deux cents autres têtes fussent lancées par dessus les remparts au moyen de machines.

THÈME 64.

1° Verbes qui se construisent avec l'**infinitif** ou avec **ut.** — Gantr. 167.

2° **Ablatif** avec les **verbes passifs.** — Gantr. 113.

— César III. —, 1-6. —

Les Latins étaient poussés à commettre ces actes de barbarie par une raison que nous voulons faire remarquer. Ils désiraient venger non seulement leurs propres injures, mais aussi celles de la religion : en effet quelques jours auparavant, excités par la fureur et la démence, les assiégés réunis sur le rempart, avaient prodigué les outrages à une image de la vierge dont ils s'étaient emparés dans une sortie.

A dix milles environ d'Antioche, sur la Méditerranée se trouve le port de St-Siméon. C'est par là que, au commencement du siége, l'armée latine avait reçu des nouvelles d'Europe. Depuis plus de quatre mois aucun vaisseau n'avait osé aborder dans ces parages qui étaient encore occupés par les Turcs. Lorsque le bruit se répandit tout-à-coup dans les rangs des Chrétiens qu'une flotte de Génois et de Pisans chargée de vivres et de munitions venait d'entrer dans le port, il se trouva un grand nombre de soldats que la curiosité poussa à sortir du camp non seulement sans ordre de leurs officiers, mais encore malgré eux, car il avait été défendu par un édit que personne s'éloignât du camp. On ne commanda pas de les poursuivre et de les ramener, mais on défendit de suivre leur exemple. Pendant ce temps ils s'efforçaient de franchir sans s'arrêter l'espace de trois lieues qui séparait le camp de la mer.

Tandis qu'ils reviennent au camp sans armes et chargés de provisions, quatre mille Turcs envoyés par les assiégés pour les empêcher de passer, les surprennent en désordre, les attaquent à l'improviste, et en tuent un grand nombre; le reste prend la fuite et va au camp porter cette triste nouvelle.

THÈME 65.

1° Verbes qui se construisent avec l'**infinitif** ou avec **ut**. — Gantr. 167.

2° **Ablatif** de cause, — **ablatif** de moyen, - **ablatif** déterminatif. — Gantr. 114, 115, 117.

— César I. — II, 1-6. —

Aussitôt Godefroid à qui le commandement suprême est déféré d'un commun accord, ordonne à quelques officiers de réunir leurs soldats et de le suivre. Il se hâte de faire passer l'Oronte à une troupe nombreuse de guerriers furieux de la mort de leurs frères, enflammés du désir de les venger. Avant que les Turcs, qui s'occupaient suivant leur usage à couper les têtes des morts, pussent être informés de leur approche, les Chrétiens les attaquaient avec vigueur.

Arrivé en présence de l'ennemi, Godefroid avait fait éloigner d'abord son cheval, puis celui des autres officiers, afin de rendre le péril égal pour tous. Alors il prit son épée d'une main, sa hache de l'autre, et se jeta au milieu des ennemis. Par cette manœuvre, il voulait empêcher les Turcs de combattre suivant leur mode habituel, et les forcer à lutter de près avec la lance et l'épée. En un instant, grâce au courage des Latins, les ennemis sont mis en déroute et forcés de chercher leur salut dans la fuite; les uns vont se cacher dans les montagnes voisines, d'autres pleins de terreur et de désespoir regagnent la ville à bride abattue.

Mais Accien, qui du haut des remparts avait vu ce qui se passait dans la plaine, commande sur le champ à une troupe d'élite de monter à cheval; il veut qu'ils aillent renouveler le combat et forcer par leur exemple les fuyards à revenir à la charge. Lui-même il les fait sortir de la ville en leur parlant avec bienveillance, en les exhortant à combattre vaillamment pour la cause du Prophète. Puis il veille à ce qu'on ferme la porte par où ils sont sortis, pour ôter à ses soldats toute espérance de retraite, s'ils sont vaincus.

THÈME 66.

1° Verbe qui se construisent avec l'**infinitif** ou avec **ut.** — Gantr. 167.

2° **Ablatif** de cause, — **ablatif** de moyen, — **ablatif** déterminatif. — Gantr. 114, 115, 117.

— César I. — II, 1-7. —

Cependant Godefroid qui avec sa sagesse et son expérience habituelle prévoyait ce qui allait arriver, avait défendu aux siens de poursuivre les fuyards. Après être remonté à cheval, il avait rangé sa troupe en bataille à mi-côte sur une éminence voisine de la ville, et il attendait l'arrivée de ce nouvel ennemi. Les Latins étaient animés par l'exemple de leur général et fiers de leur récente victoire. Les Sarrasins accouraient avec la fureur du désespoir; ils étaient de plus excités par la présence de leurs compagnons d'armes qui du haut des remparts les suppliaient de se montrer dignes de leurs ancêtres et de ne pas les livrer en esclavage aux étrangers.

Les deux troupes s'attaquèrent avec une égale ardeur; dès le premier choc, le tumulte fut tel qu'il devint impossible, à cause du cliquetis des armes et des cris des combattants, d'entendre la voix des officiers. On se battit en désordre et comme au hasard. Bientôt une si grande terreur s'empara des Turcs, qu'ils cherchèrent à fuir; mais les rangs étaient tellement pressés derrière eux, qu'ils ne pouvaient reculer, et qu'ils tombaient sous les coups des Chrétiens en leur tournant le dos. Peu à peu la terreur gagna de rang en rang, les derniers en cédant fournirent aux autres la possibilité de fuir. Les Chrétiens se mirent à leur poursuite, parvinrent à les atteindre et en égorgèrent un grand nombre. Deux mille Sarrasins se fiant à leurs forces cherchèrent à traverser le fleuve à la nage, et y trouvèrent la mort à cause de la rapidité et de la fraîcheur excessive des eaux.

Au coucher du soleil, quand la nuit eut mis fin au carnage, Godefroid ramena au camp ses guerriers enivrés de leur victoire et chargé d'un riche butin.

THÈME 67.

1° Verbes qui se construisent avec l'**infinitif** ou avec **ut**. — Gantr. 167.

2° **Ablatif** de cause, — **ablatif** de moyen, — **ablatif** déterminatif. — Gantr. 114, 115, 117.

— César I. — II, 1-7. —

Au-delà de l'Oronte, à cinq cents pas des murs de la ville étaient un cimetière et une mosquée. Les assiégeants devenus plus hardis encore par le succès, résolurent de jeter à bas le temple du faux prophète et de se mettre en devoir d'élever deux forteresses au moyen des matériaux. Ils voulaient par ce moyen enfermer de ce côté l'ennemi dans la place et lui couper définitivement les vivres. Tandis que les Provençaux, sous les ordres du comte de Toulouse, sapent les murs, enfoncent les portes, Tancrède se charge de protéger les travailleurs et de repousser l'ennemi, s'il tente de les effrayer ou de les empêcher d'achever leur besogne. Grâce à lui l'ouvrage se faisait aisément; grâce à lui encore, plusieurs convois de vivres furent arrêtés, et les Syriens qui les dirigeaient furent forcés d'amener au camp ce qu'ils avaient ordre de conduire aux assiégés.

Ces dispositions firent que les Turcs dépourvus de vivres se virent en proie à une famine non moins cruelle que celle qui avait tourmenté les Latins. Bientôt les murailles furent dépourvues de défenseurs; bientôt poussés par les souffrances de la faim, désespérant de la victoire, ceux qui auparavant avaient été les plus influents dans la ville par leur crédit, leur prudence, leur courage, en un mot les plus braves guerriers d'Accien méditèrent de l'abandonner. Les uns sous un prétexte, les autres sous un autre, ils demandaient qu'il leur fût permis de se retirer. Un grand nombre restaient pour ne pas être accusés de trahison, mais ils ne cessaient de conjurer Accien de se rendre. Forcé par la nécessité, s'apercevant qu'il ne pouvait résister plus longtemps, le commandant de la place envoya des émissaires aux

Latins pour demander qu'on traitât avec lui d'un armistice, et jurer en son nom, que s'il n'était bientôt secouru, il se remettrait lui, les siens et tout ce qu'ils possédaient sous le pouvoir des Chrétiens. Il obtint par l'entremise de ses envoyés la trève qu'il demandait.

THÈME 68.

1° Verbes qui se construisent avec l'**infinitif** ou avec **ut**. — Gantr. 167.

2° **Ablatif** de cause, — **ablatif** de moyen, — **ablatif** déterminatif. — Gantr. 114, 115, 117.

— César I. — II, 1-8. —

Grâce à la constance de sa garnison, grâce à la mauvaise fortune des Latins, la ville d'Antioche se défendait depuis sept mois. Les Chrétiens commençaient à se persuader qu'ils ne quitteraient jamais ces lieux, qu'ils ne verraient jamais Jérusalem. Bohémond qui avait entrepris cette campagne plutôt à cause de sa soif de gloire et de puissance, que par dévouement pour la religion, Bohémond souffrait plus que les autres de ces retards. Il résolut, puisque la valeur et l'expérience n'avaient rien pu, d'essayer de s'emparer d'Antioche par ruse.

Il s'informa secrètement auprès de quelques habitants de la place et voici ce qu'il apprit : « Il y avait dans la ville un homme qui, quoique simple officier, était plus puissant que les plus hauts dignitaires. C'était Phiroüs, homme d'une rare audace, d'une adresse extrême, avide d'argent, prêt à tout faire pour en gagner; ami du changement, de chrétien qu'il avait été il s'était fait par ambition et par cupidité sectateur de Mahomet. Par son astuce et ses flatteries, il était parvenu à gagner les bonnes grâces d'Accien, et il avait obtenu qu'on lui confiât la garde des trois principales tours de la place. »

Pendant tout le temps de la trêve, alors qu'il était permis aux Turcs d'entrer dans le camp, et qu'eux-mêmes laissaient pénétrer les Latins dans la ville, Bohémond eut des entrevues secrètes avec ce Phiroüs, on s'envoya de part et d'autre de fréquents messages. Le renégat n'avait rien de plus à cœur que de trahir les Sarrasins pour une forte somme d'argent, le prince de Tarente nourrissait l'espoir d'obtenir par Phiroüs de régner sur Antioche : il fut donc facile à Bohémond de s'entendre avec lui. Ils traitèrent des moyens de mettre à exécution des projets que l'un et l'autre avaient longtemps médités et s'engagèrent enfin mutuellement par serment à ne rien divulguer de leurs desseins avant que le moment d'agir ne fût venu.

THÈME 69.

1° Verbes qui se construisent avec **ut** ou **ne**. — Gantr. 168.
2° **Ablatif déterminatif** complément de certains verbes. — Gantr. 118.

— César I. — II, 1-8. —

Les deux armées étaient sur le point de mettre fin à la trêve, le jour approchait où il faudrait reprendre les hostilités. Il restait à Bohémond à amener à son sentiment les autres chefs de l'armée chrétienne. Il les pria donc de se réunir et leur parla en ces termes :

« Il en est beaucoup d'entre vous qui ont une grande expérience, de grands talents militaires; aussi ont-ils le bonheur de jouir d'une grande autorité dans l'armée. Mais il n'en est aucun qui soit plus pénétré que moi de dévouement pour la religion. C'est pour cela que je vous ai priés de vous réunir et d'écouter un avis.

« Vous savez que déjà l'armée a éprouvé toute sorte de malheurs : aucune victoire n'a récompensé nos efforts ; nous qui d'abord regorgions de richesses, nous avons manqué de tout ; il s'en est suivi que la désertion et la mort nous ont privés du concours des plus braves de l'armée. Certes il est arrivé à peu d'armées d'avoir tant de tourments à souffrir. Et cependant des malheurs plus grands encore nous menacent.

« Une armée nombreuse a été appelée pour porter secours aux assiégés ; elle menace leurs adversaires d'une défaite complète. Cette armée approche déjà de l'Euphrate , peu s'en faut qu'elle ne soit en notre présence. Nous qui avons manqué de force pour vaincre un seul ennemi , comment ferons-nous pour résister à deux , si ces nouvelles troupes réussissent à se joindre aux assiégés ? Il nous reste à nous emparer le plus tôt possible de la place. Si nous le faisons , et si nous parvenons à priver les ennemis de leurs plus vaillants guerriers , il nous sera aisé derrière nos murailles de tenir tête à cette nouvelle armée. »

THÈME 70.

1° Verbes qui se construisent avec **ut** ou **ne**. — Gautr. 168.

2° **Ablatif déterminatif** complément de certains verbes. — Gautr. 118.

— César I. — II , 1-9. —

« Mais puisque nos armes n'ont rien pu contre la place , il est nécessaire d'avoir recours à un autre moyen. Sans doute il peut se faire qu'on trouve parmi les habitants chrétiens d'Antioche quelque homme doué d'assez d'énergie et d'intelligence pour nous aider à vaincre par la ruse ceux que notre valeur n'a pu abattre. D'autres armées en ont fait autant. N'est-ce pas par un stratagème à jamais mémorable que le sage Ulysse jadis, sur cette même terre d'Asie, parvint à ouvrir aux Grecs les portes de Troie ? Je connais parmi les officiers ici présents un chevalier si plein de dévouement, qu'il ne refusera pas de faire pour la cause chrétienne ce qu'Ulysse fit autrefois pour les Grecs. Seulement, comme il faut que la récompense soit égale au service rendu, je crois qu'il vous paraîtra juste de remettre la ville elle-même entre les mains de celui qui vous l'aura livrée. »

Ces dernières paroles manquaient de clarté ; elles étaient remplies d'obscurité. Cependant les auditeurs qui connaissaient le caractère de Bohémond, comprirent qu'il avait voulu se désigner lui-même. Aussi, pleins de haine et de mépris, ils agirent de façon que le conseil fut repoussé d'une voix unanime. « Comme il serait honteux de fuir, s'écrièrent-ils, au moment du plus grand péril, ainsi et plus honteux encore serait-il de ne devoir qu'à une ruse indigne la conquête d'Antioche. »

Raymond surtout débordait de colère et d'envie : « Tous ils étaient frères, disait-il, tous ils devaient avoir leur part du butin et des dépouilles de l'ennemi. Si la ville tombait en leur pouvoir, ce serait commettre une injustice que de priver tous les chefs de la récompense de leurs travaux pour combler de bien le plus indigne d'entre eux. »

THÈME 71.

1o Verbes qui se construisent avec **ut** ou **ne**. — Gantr. 1[illegible]8.

2o **Ablatif déterminatif** complément de certains verbes. — Gantr. 118.

— César I. — II, 1-9. —

La veille du jour où finit l'armistice, Bohémond fit en sorte que des bruits alarmants se répandirent dans le camp. Les chefs jugèrent nécessaire d'envoyer quelques émissaires pour s'informer de ce qui se passait. Ils rapportèrent qu'une armée de deux cent mille hommes levés sur les bords du Tigre et de l'Euphrate, s'avançait à marche forcée pour secourir Antioche. Cette armée formidable était commandée disait-on, par un Persan du nom de Kerbogâ, homme de haute naissance, jouissant d'un grand crédit à la cour de Perse, possédant de grandes richesses. Rempli d'orgueil à cause de ses victoires précédentes, il en était venu à un degré d'arrogance qu'il n'était pas possible de souffrir. Joignez à cela que cette multitude avait passé l'Euphrate et ravagé cinquante villages par le fer et le feu, qu'enfin elle s'était avancée à sept journées de marche d'Antioche.

Ces renseignements remplirent l'armée latine d'une terreur si grande qu'elle troublait profondément tous les esprits. Il en résultait que les officiers même étaient affectés de la plus vive douleur. Seuls les principaux chefs de l'armée n'avaient garde de se montrer effrayés. S'étant de nouveau réunis en conseil ils voulurent faire en sorte de changer les dispositions de tous et arriver à se tirer d'un si grand péril.

On émit deux avis différents : « Il est nécessaire de ne pas agir avec témérité, disaient les uns : si nous restons ici, nous aurons à soutenir à la fois le choc de deux armées. Il ne nous reste qu'à lever le camp et à mener nos troupes à la rencontre de ce nouvel adversaire. Sans doute nous obtiendrons de la divine Providence de le vaincre et de le forcer à rebrousser chemin. »

THÈME 72.

1° Verbes qui se construisent avec **ut** ou **ne**. — Gantr. 168.

2° **Ablatif** après **opus est**, — après certains **verbes déponents**, — après certains **adjectifs**. — Gantr. 119, 120, 121.

— César I. — II, 1-10. —

Les autres disaient : « C'est maintenant surtout que nous avons besoin de prudence et d'énergie. Gardons-nous bien d'abandonner une proie pour l'autre, car il pourrait nous arriver de les perdre toutes les deux. Il est nécessaire qu'on divise l'armée en deux corps. Ceux dont le corps d'expédition n'aura pas besoin, nous les laisserons au camp, nous les chargerons de le défendre si les assiégés veulent s'en emparer. On agira de façon que l'autre corps sorte du camp et aille à la rencontre de Kerbogâ, afin que si celui-ci veut engager l'action, il en trouve le moyen. »

Bohémond alors profitant de l'occasion parvint à démontrer que dans l'un et l'autre cas l'armée latine courrait au devant de sa perte : « Supposez que nous levions le camp (ce qui serait indigne du nom chrétien); croyez-vous que par là nous éviterons l'attaque des assiégés? Au contraire, il est à peine besoin de le dire, dès que notre arrière-garde aura franchi le fossé du camp, les Turcs sortant de la ville s'élanceront sur nos traces avec toutes leurs troupes. Il arrivera alors ou qu'ils tomberont sur nous par derrière si les Persans semblent reculer, ou qu'ils nous couperont la retraite si nous sommes forcés nous-mêmes de rétrograder.

« Quant à ceux qui nous conseillent de diviser nos forces, je les prie de se rappeler que déjà une fois nous avons fait l'expérience de cette mesure dans la vallée de Dorylée, et que nous avons alors juré de ne plus l'employer. Déjà en effet les masses des ennemis nous accablaient ; nous étions sur le point d'être massacrés jusqu'au dernier, quand par un effet de la protection divine, le duc de Lorraine accourut à notre aide et nous arracha de leurs mains. »

THÈME 73.

1° Verbes qui se construisent avec **ut** ou **ne**. — Gantr. 168.
2° **Ablatif** après **opus est**, — après certains **verbes déponents**, — après certains **adjectifs**. — Gantr. 119, 120, 121.

— César I. — II, 1-10. —

« Et pourtant le temps presse, s'écria Bohémond ! peut-être avant deux jours, la fumée des incendies nous annoncera l'approche de cette armée. Il sera trop tard de délibérer quand l'ennemi sera présent.

« Il est nécessaire que nous profitions du temps et que nous prenions une résolution immédiate. Si j'obtiens de vous que vous acceptiez mes propositions, demain nous aurons le bonheur d'être maîtres d'Antioche. »

Il leur dévoila ensuite (ce qu'il avait tû jusque là) tout ce qui s'était passé entre Phiroüs et lui. Il leur montra des lettres dans lesquelles ce dernier promettait de livrer aux assiégeants les trois tours qu'il commandait. « Il était persuadé, écrivait le renégat, que les princes latins reconnaissant l'équité de ses conditions ne les repousseraient point. Voici ce qu'il demandait : d'abord qu'il lui fût permis de ne traiter qu'avec le prince de Tarente, ensuite que pour récompenser les services de Bohémond, on accordât à ce prince la libre possession du territoire d'Antioche. »

Après avoir montré ces lettres, Bohémond ajouta

« qu'il se garderait bien de prescrire aux princes chrétiens comment ils devaient user de leur droit : ce serait indigne de lui. Il est vrai, disait-il, que tout a été convenu, et que je me suis acquitté d'une partie de mes promesses en donnant à Phiroüs des sommes considérables dont il avait besoin. Quoi qu'il en soit, s'il arrive que quelqu'un des princes ne soit pas content de mes projets, je l'exhorte à le dire ; s'il trouve un meilleur moyen de sauver l'armée, j'abandonnerai immédiatement mon dessein. »

THÈME 74.

1° Verbes qui se construisent avec **ut** ou **ne**. — Gantr. 168.

2° **Ablatif** après **opus est**, — après certains **verbes déponents**, — après certains **adjectifs**. — Gantr. 119, 120, 121.

— César I. — II, 1-11. —

Le prince de Tarente n'eut pas besoin d'en dire davantage. Les chefs des Latins comprirent que ce projet, bien qu'il servît surtout les intérêts de Bohémond, n'était pas moins utile à ceux de l'armée. Ils se persuadèrent de se départir de leur opiniâtreté. Et en effet il ne leur restait qu'à prendre ce parti. Se fiant à la loyauté de Bohémond, ils lui pardonnèrent son ambition en faveur de l'intérêt général ; ils oublièrent, que peu de jours auparavant ils l'avaient jugé indigne de l'autorité suprême.

« Qu'est-il besoin, dirent-ils, de tarder plus longtemps à nous acquitter de notre devoir? Il n'est ni dans nos habitudes, ni dans celle de notre armée d'abandonner ceux qui ont bien mérité de la cause du Christ, et de ne pas récompenser le dévouement et l'intelligence. Il est nécessaire que Bohémond soit déclaré digne du trône. Et qu'importe que cette ville appartienne au prince de Tarente ou à un autre? Faisons seulement en sorte qu'elle soit ravie aux Sarrasins et qu'un prince chrétien y acquière le souverain pouvoir. D'ailleurs nous n'avons pas besoin d'Antioche. Nous avons pris les armes, nous avons traversé tant de pays à la prière et à la sollicitation de nos frères de Jérusalem : prenons garde de négliger de venger leurs injures. L'Occident demande de nous non que nous prenions telle ou telle ville de Syrie, mais que nous pénétrions en Palestine, que nous en chassions les Turcs, et que nous assurions à jamais la sécurité des pèlerins d'Europe. »

Ils conjurèrent donc Bohémond d'une voix unanime, de mettre à exécution sans retard le projet qu'il avait conçu dans l'intérêt de la cause du Christ.

THÈME 75.

1° Verbes qui peuvent se construire avec le **subjonctif seul.** — Gantr. 169.

2° **Ablatif** de **séparation.** — Gantr. 122.

— César I. — II, 1-11. —

Dès que l'assemblée eut été levée, Bohémond voulut que Phiroüs fût informé de la résolution prise : se servant des mêmes émissaires qui lui étaient venus de la part du traître, il lui fit dire vers le milieu de la nuit, que les chefs étaient d'accord avec lui, et que l'armée avait l'ordre de rester sous les armes. Phiroüs répondit en l'engageant à être libre de toute crainte, que tout serait prêt pour le lendemain. En même temps, pour chasser toute hésitation de l'esprit de Bohémond, il lui envoya son propre fils en ôtage. Bohémond eut soin de le garder près de lui et fit également retenir dans le camp, mais séparé des soldats, l'espion que son complice lui avait envoyé. Pour éloigner tout soupçon de l'esprit des assiégés, il conseilla que l'armée décampât et qu'elle prît la route par laquelle on attendait l'arrivée de Kerbogâ. Cette nouvelle fut aussitôt annoncée aux Turcs par leurs espions. Ils pensèrent que les Chrétiens s'éloignaient de leur ville par crainte des Persans et se décidèrent à les laisser partir, d'autant plus qu'ils espéraient que ce nouvel ennemi leur barrerait le passage.

Le lendemain donc, dès que le jour fut levé, les officiers donnèrent aux soldats l'ordre de tout préparer pour le départ avec grand bruit et grand tumulte. Ils n'interrompirent pas ce travail un seul moment de la journée. Au coucher du soleil, le son des trompettes et le bruit des timbales annoncèrent aux habitants d'Antioche que l'armée s'éloignait de leurs murs. Joyeux de ce départ qui leur paraissait ressembler à une fuite, les assiégés accoururent en foule sur le rempart, accompagnant le départ des troupes ennemies de clameurs insultantes et de vaines provocations.

THÈME 76.

1° Verbes qui peuvent se construire avec le **subjonctif seul.** — Gantr. 169.

2° **Ablatif** de **séparation.** — Gantr. 122.

— César I. — II, 1-11. —

Déjà l'armée latine était parvenue à quelque distance de la place, quand les officiers commandèrent aux troupes de s'arrêter, puis de rétrograder dans le plus grand silence. En même temps ils eurent soin de rassembler les bagages et les bêtes de somme et de les laisser dans le lieu où ils s'étaient arrêtés, avec une troupe suffisante pour les garder. On commanda également aux vieillards, aux femmes et aux enfants d'attendre dans le même endroit des nouvelles de l'armée. Il y avait un vallon de peu d'étendue à l'ouest entre les montagnes et la ville, non loin de la tour où commandait Phiroüs. C'est là que l'armée s'arrêta, comme il avait été convenu. Dès que le vallon eut été rempli de soldats, on prit soin d'en éloigner le reste de l'armée pour ne pas attirer l'attention des sentinelles ennemies. Alors on ordonna à chacun des officiers d'exhorter les soldats qu'il avait sous ses ordres et de leur dire : « Le moment tant désiré est enfin venu; nous tenons l'ennemi, nous sommes sur le point d'entrer dans Antioche. Faites en sorte de rester immobiles et en silence à votre rang, et ayez soin d'implorer tout bas l'assistance du Dieu des armées. Dans quelques instants il sera nécessaire de bannir loin de vous toute crainte et de déployer tout votre courage. »

Pendant ce temps, soit par hasard, soit parce que quelqu'un des émissaires de Phiroüs avait raconté ce qu'il savait, le bruit d'une trahison se répandit dans la ville. Accien devait d'abord soupçonner de ce crime ou les Chrétiens ou ceux qui depuis peu avaient abandonné la vraie religion pour embrasser celle du Prophète. Il ordonne que Phiroüs comparaisse devant lui, et le regardant fixement il lui demande ce qu'il doit penser des faits qui lui sont rapportés.

THÈME 77.

1° Verbes qui peuvent se construire avec le **subjonctif seul**. — Gantr. 169.

2° **Ablatif** de **séparation**. — Gantr. 122.

— César I. — II, 1-12. —

Si Phiroüs n'avait pas été (comme il l'était réellement) doué d'une audace extrême et d'un art infini de se composer un visage, c'en était fait de lui. Mais, exempt de toute émotion, d'un air aussi tranquille que s'il se fût agi d'un autre, Phiroüs approuve les soupçons de son maître. « Il sait, lui dit-il, que ces bruits ont couru, et il estime que si l'on ne peut y ajouter une foi entière (car en pareil cas il est toujours difficile de discerner le vrai du faux), du moins il est nécessaire de ne pas les négliger. Puis donc que son général permet que le plus humble de ses soldats lui donne son avis, il lui conseille de changer immédiatement les commandants des principales tours. De cette façon si quelque faute a été commise par eux (comme on le dit), ils seront forcés de renoncer à leurs desseins. »

Ces paroles délivrèrent Accien de tous ses soupçons. Il congédia Phiroüs après l'avoir félicité de son dévouement à la cause du Prophète et l'avoir encouragé à demeurer dans ces sentiments. Dès que l'officier l'eut quitté, Accien ordonne que le lendemain le conseil de Phiroüs soit mis à exécution. En même temps craignant que les coupables n'échappent à sa vengeance, il donne des ordres pour que cette nuit même tous les Chrétiens qui se trouvent dans la ville soient arrachés à leurs demeures, que les uns soient jetés dans les fers, les autres mis à mort. Ainsi par une double erreur, il remettait au lendemain ce qu'il aurait dû faire à l'instant, et cessant de soupçonner le coupable, il ordonnait de livrer au supplice plusieurs milliers d'innocents. Mais l'événement devait le forcer de renoncer à ses cruels desseins.

THÈME 78.

1° Verbes qui peuvent se construire avec le **subjonctif seul.** — Gantr. 169.

2° **Ablatif** de la **manière.** — Gantr. 124.

— César I. — II, 1-12. —

Débarrassé de toute sa crainte, Phiroüs au sortir de la demeure de son général, court à son poste avec la plus grande hâte, et prend soin de fixer lui-même aux pierres de la tour où il commande une échelle faite de cuir et munie aux deux bouts d'ongles de fer. Puis il va avec empressement trouver son frère, à la garde duquel était confiée une tour voisine. Il lui déclare avec franchise quel est son dessein. Il a soin de l'entretenir de ses espérances, des récompenses promises; il l'engage à se joindre à lui et à partager avec sa trahison les honneurs et la fortune qui l'attendent lui-même. Le frère, bien que renégat aussi, avait cependant conservé quelques sentiments de probité. Il repousse avec mépris les offres de Phiroüs; il le conjure avec larmes de renoncer à son dessein, il le menace même avec colère de la vengeance des habitants. Alors Phiroüs effrayé le regarde non plus comme son frère, mais comme un ennemi; tirant son épée, il fond sur lui avec la plus grande rage, et d'un seul coup, il lui transperce la gorge.

En même temps que cela se passait, Bohémond au pied de la tour attendait le signal convenu, et contenait avec la plus grande peine l'impatience des siens. La nuit était noire; le vent et le tonnerre retentissaient avec un tel fracas qu'ils ne permettaient point aux sentinelles de voir ou d'entendre que quelque chose se préparait.

Troublé par le crime qu'il venait de commettre, Phiroüs oubliait de donner le signal. Bohémond commande alors qu'un soldat monte au faîte de la tour par l'échelle de cuir, et qu'il prie Phiroüs de mettre fin à leur attente. Phiroüs ne répond d'abord rien; dans le plus grand silence, il tient les yeux baissés vers la terre. Le soldat s'étonne de cet abattement et lui en demande la cause.

THÈME 79.

1° **Verbes** qui peuvent se construire avec le **subjonctif seul.** — Gantr. 169.

2° **Ablatif** de la **manière.** — Gantr. 121.

— César I. — II, 1-12. —

Enfin Phiroüs le prend par la main, lui ordonne de le suivre dans la tour voisine et lui montrant le cadavre de son frère : « Voilà, dit-il, ce que j'ai fait pour les Latins. Ils peuvent juger par là combien il y a en moi de dévouement et de courage. Avertis ton maître que tout est prêt ; mais fais en sorte qu'il se hâte, car le temps presse. »

Le soldat redescend dans le plus grand trouble, et recommande à Bohémond de donner immédiatement l'ordre d'escalader la tour. Mais au moment où le prince de Tarente commande avec la plus vive ardeur que quelques braves le suivent, une terreur si grande s'empare des Latins que personne ne se montre prêt à courir ce danger. En vain Godefroid lui même court de rang en rang, en vain d'une voix plus élevée que ne le permettait la prudence, il encourage, il prie, il menace même : ces guerriers semblent frappés de stupeur.

Bohémond était déjà presque au faîte du rempart. Il fallut qu'il redescendît. « Soldats, s'écria-t-il, souvenez-vous de votre ancien courage, souvenez-vous de Nicée et de Dorylée. Prenez garde que ce lieu où nous sommes ne tire son nom de la lâcheté des Latins et ne transmette à la postérité le souvenir de leur honte. »

Disant ces mots il remonte avec la plus grande intrépidité; et soixante guerriers, officiers et soldats, entraînés par son exemple, s'élancent après lui. Cette vue change d'une manière étonnante les dispositions des soldats. Avec une ardeur admirable ils se disputent l'honneur de le suivre. Soixante nouveaux guerriers demandent qu'il leur soit permis de suivre les premiers.

THÈME 80.

1° Verbes qui peuvent se construire avec le **subjonctif seul**. — Gantr. 169.

2° **Ablatif** de la **manière**. — Gantr. 124.

— César I. — II, 1-13. —

Ils le font mais avec une telle ardeur que l'échelle se rompt, et que plusieurs sont précipités et viennent expirer sur les lances et les épées de ceux qui attendaient leur tour, pressés au pied de la muraille.

Cependant les premiers qui avaient pénétré dans la ville avec tant de péril, avaient eu soin de s'emparer d'abord des trois tours de Phiroüs; puis sous la conduite du traître ils s'étaient dirigés successivement et dans le plus grand silence vers sept autres tours, avaient attaqué à l'improviste ceux qui les gardaient, les avaient tués, s'étaient emparés des tours, et sans aucun tumulte y avaient établi une nouvelle garde.

Alors Bohémond voulut que toute l'armée fût appelée pour achever l'œuvre commencée. Dans ce dessein Phiroüs attacha une nouvelle échelle et engagea les Chrétiens à se diriger vers une porte voisine située sous une des tours dont il avait lui-même livré la possession aux vainqueurs. Il fallut briser cette porte à coups de hache, et alors avec une violence extrême et dans le plus grand désordre, la plupart des Latins se ruèrent dans la place. Godefroid et Raymond les imitant, mais avec plus de prudence, les suivirent, et à la tête de leurs soldats allèrent occuper les quatre collines d'Antioche.

Pendant ce temps les Turcs surpris dans le premier sommeil, sortaient sans armes de leurs demeures par cette raison surtout qu'ils ne croyaient rien avoir à craindre, et tombaient sous le glaive des assaillants. D'autres redoutant une embuscade et perdant tout espoir de se défendre avec succès, cherchaient leur salut dans la fuite, et prenaient le premier chemin qui s'offrait à eux : un grand nombre en cherchant à passer par les portes de la ville y furent étouffés. D'autres avec plus de prudence avaient eu soin de revêtir leurs armes; ils allèrent s'enfermer dans la citadelle.

THÈME 81.

1° **Subjonctif** après **quo**. — Gantr. 150.
2° **Ablatif** de **temps**. – Gantr. 125.

— César I. — II, 1-13 —

Ainsi sans aucun danger les Latins tuèrent aux ennemis autant d'hommes que le permit la durée des ténèbres. Pendant cette même nuit, une heure avant le lever du soleil, Accien, se voyant abandonné de tous, gagna seul la campagne mettant tout son espoir de salut dans la vitesse de son cheval. Mais pour que le triomphe de l'armée latine fût plus complet, des bûcherons arméniens qui le virent passer, comprenant à son air abattu que la ville était au pouvoir des Latins, s'élancèrent sur lui; l'un d'eux lui prit son épée et lui en perça le cœur. Puis afin d'être plus sûr de sa récompense, il lui coupa la tête et au point du jour il l'apporta aux vainqueurs.

En ce moment Bohémond se garda bien d'oublier les promesses qui lui avaient été faites deux jours auparavant. Afin de se mettre plus tôt en possession de la ville, à la première heure du jour, il fit planter son étendard sur une des tours les plus élevées. Dès que ce signal fut aperçu de ceux qui avaient été laissés à la garde des bagages, dès qu'ils entendirent les cris de joie des vainqueurs, ils accoururent non pour mieux aider leurs frères du secours de leur bras, mais pour obtenir plus promptement leur part du butin.

C'est huit mois après le commencement du siége, le 3 juin de l'année 1098, que l'armée chrétienne s'empara d'Antioche. Plus le siége avait été long, plus les Latins étaient avides de vengeance. Non contents d'avoir exterminé plus de dix mille habitants de la ville, non contents d'en avoir réduit un plus grand nombre encore en captivité, ils voulurent livrer au supplice ceux qui avaient cherché un refuge dans la citadelle.

THÈME 82.

1° **Subjonctif** après **quo** — Gantr. 150.
2° **Ablatif** de **temps.** — Gantr. 125.

— César I. — II, 1-13. —

Ils essayèrent en vain de l'assiéger : arrêtés par le rempart, repoussés par la garnison, ils renoncèrent à ce dessein. Mais en même temps, afin d'empêcher plus facilement les ennemis de faire des sorties, afin de leur couper plus facilement les vivres, on plaça des troupes au pied de la montagne, on y disposa des mantelets, et tout ce qui est nécessaire pour un siége.

Le troisième jour après la prise de la ville, le 6 juin, les sentinelles que Bohémond avait placées sur le rempart afin de reconnaître plus tôt l'approche de Kerbogâ, aperçurent de loin un fort parti de cavaliers qui s'avançait vers la ville. C'était l'avant-garde de cette armée formidable dont la rumeur publique, dix jours auparavant, et les lettres de Baudouin comte d'Édesse, la veille, avaient annoncé la venue. Elle arrivait quatre jours plus tôt qu'on ne l'attendait ; pour être plus promptement en présence des Latins, elle avait fait en cinq jours une route qu'elle n'aurait dû parcourir qu'en sept.

Surpris par son arrivée, les princes se déterminèrent cependant à ne pas différer le combat, non seulement afin de ne pas avoir d'abord à engager l'action avec toute la multitude de leurs adversaires, mais aussi pour augmenter par la victoire l'ardeur et la confiance des Latins et pour inspirer une plus grande terreur aux ennemis.

Une heure après Godefroid, Tancrède et le comte de Flandre, sortis de la ville à la tête de trois cents chevaliers, arrivaient en présence de la cavalerie ennemie et l'attaquaient avec d'autant plus de confiance qu'ils la croyaient inférieure en nombre.

THÈME 83.

1° **Subjonctif** après **quo.** — Gantr. 150.
2° **Ablatif** de **temps.** — Gantr. 125.

— César I. — II, 1 - 13. —

Pendant une heure, les Musulmans soutinrent péniblement cette attaque. Au moment où, pour mettre plus vite fin à la lutte, les Latins pénétraient au milieu des ennemis, tout-à-coup de tous côtés à la fois une nouvelle multitude de Turcs s'élancèrent sur eux, les enveloppèrent et en tuèrent un grand nombre. Les autres prirent la fuite, et les ennemis montrant d'autant plus d'ardeur que les Latins semblaient plus effrayés, les poursuivirent et ne s'arrêtèrent que lorsqu'ils furent arrivés avec eux aux portes de la ville.

Le lendemain l'armée de Kerbogâ asseyait son camp à l'endroit même où les Latins s'étaient établis huit mois auparavant. La cavalerie des Chrétiens, assiégeants il y avait quelques jours, maintenant assiégés à leur tour, fit de fréquentes sorties. Afin de mieux éprouver la valeur de leurs adversaires et leur propre courage, deux fois par jour les deux armées se livraient des combats de cavalerie. Aucune des deux dans ces escarmouches ne se montra inférieure à l'autre : chaque jour les officiers ramenaient leurs troupes, les uns dans le camp, les autres dans la ville. Les choses se passèrent ainsi pendant plusieurs semaines.

Dans cet espace de temps, les deux armées se déterminèrent comme d'un commun accord à ne pas livrer de bataille générale. Les princes latins différaient le combat afin de mieux dissimuler les véritables dispositions de la plupart de leurs guerriers. En effet, plus ceux-ci avaient montré d'audace les trois premiers jours de l'occupation d'Antioche, plus ils désespéraient de la victoire depuis leur échec. Kerbogâ agissait comme les Latins, pour faire durer le siége plus longtemps : il comprenait que moins il se hâterait de tenter le sort des armes, plus il aurait d'espoir de réduire les assiégés par la famine.

THÈME 84.

1° **Subjonctif** après **quo**. — Gantr. 150.
2° **Ablatif** de **temps**. — Gantr. 125.

— César I. — II, 1-14. —

Plus la joie des Chrétiens avait été grande à l'époque de la prise d'Antioche, moins ils avaient cru nécessaire de pourvoir aux subsistances pour l'avenir. Ils avaient d'autant moins songé à ravitailler la place, qu'ils avaient trouvé les demeures des Turcs abondamment fournies de toute espèce de provisions.

Une autre raison encore les portait à ne rien craindre, c'est que à cette même époque tout le cours inférieur de l'Oronte leur était soumis; ce qui était d'autant plus précieux, que par ce fleuve ils pouvaient recevoir d'Europe des secours en hommes, en argent et en vivres. Il semblait que Dieu ne leur eût accordé tant de bonheur les premiers jours, qu'afin de les faire souffrir davantage du changement de leur situation. L'arrivée de Kerbogâ quatre jours plus tôt qu'il n'était attendu, avait fait éprouver aux Latins un préjudice considérable.

Dans les premiers jours que la disette se fit sentir, afin que les assiégés pussent résister plus longtemps, plusieurs croisés se rendirent, tantôt pendant le jour, plus souvent pendant la nuit, au port de S^t^. Siméon. A l'endroit même où le fleuve Oronte se jette dans la mer, ils trouvaient à l'ancre cette flotte de Génois et de Pisans qui environ quatre mois auparavant avait fourni des vivres à l'armée latine, et lui avait été d'une utilité d'autant plus grande que sa situation à cette époque était plus critique. Les denrées qu'ils achetaient à bas prix dans ces courses périlleuses, ils les vendaient ensuite d'autant plus cher que les Chrétiens avaient trouvé à Antioche de grandes richesses.

THÈME 85.

1° **Subjonctif** après **quin**, — après **quominus**. — Gantr. 151, 152.

2° Emploi du **comparatif**. — Gantr. 127. — **Ablatif** de la **mesure**. — Gantr 128.

— César I. — II, 1-14. —

Les premiers qui tentèrent ainsi la fortune réussirent, avec plus de bonheur que de prudence, à aller prendre leurs marchandises et à les rapporter dans la ville ; mais d'autres furent plus malheureux. Il n'est pas douteux que les ennemis ne fussent informés par leurs espions de ce qui se passait. Dix fois plus nombreux qu'eux et en armes, ils se placèrent en embuscade, les enveloppèrent et les mirent à mort. Dès que le bruit de ce massacre fut répandu, les commandants des vaisseaux n'hésitèrent pas à mettre à la voile et à s'éloigner des côtes de la Syrie.

A partir de ce moment rien ne put empêcher que la famine la plus horrible ne torturât les Latins. Les chefs n'étaient pas plus heureux que les plus pauvres des pèlerins : même en offrant de l'or, ils ne parvenaient pas à se procurer un morceau de pain pour assouvir leur faim.

Sur ces entrefaites, on apprit avec plus de joie que nous ne pouvons le dire, qu'Alexis avait traversé le Bosphore et qu'il s'avançait avec une armée de plus de 100,000 hommes pour aider les Latins, s'ils avaient besoin de son secours. « Il ne doutait pas, disait-il, que Kerbogâ, à la nouvelle de son arrivée, ne levât le siége d'Antioche. » Cette nouvelle causa plus de joie à la multitude des guerriers qu'à leurs généraux : ceux-ci connaissaient mieux que les autres le caractère de l'empereur ; ils soupçonnaient que ce prince n'avait pu s'empêcher d'entreprendre cette expédition à la sollicitation et aux prières de ses courtisans. Ils ne craignaient pas qu'Alexis, plus perfide à Antioche qu'à Nicée, leur enlevât la possession de cette ville ; mais ils n'étaient pas loin de le soupçonner de les tromper par des semblants d'amitié. Ils savaient qu'il n'hésiterait pas à abandonner ses alliés, si la fortune plus cruelle qu'auparavant venait à leur faire défaut.

THÈME 86.

1° **Subjonctif** après **quin**, après **quominus**. — Gantr. 151, 152.

2° Emploi du **comparatif**. — Gantr. 127. — **Ablatif** de la **mesure**. — Gantr. 128.

— César I. — II, 1-14. —

Alexis était en route depuis plus de quinze jours, et il approchait du mont Taurus dans le dessein de s'arrêter quelques jours dans l'une des villes dont les

Latins avaient reçu la soumission. Les peuples par les provinces desquelles les Grecs passaient, les recevaient avec une plus grande joie qu'ils n'avaient reçu les Latins. Aucun d'eux ne refusait de leur fournir des vivres et d'autres secours ; un plus grand nombre n'hésitaient pas à mettre leurs personnes et leurs biens sous leur protection. On en trouvait d'autres plus zélés encore, que ni les menaces, ni les prières des Turcs leurs voisins ne pouvaient détourner d'embrasser le parti des nouveaux venus ; ils n'étaient guère éloignés de prendre les armes et de se joindre aux soldats de l'empereur. Alexis ne pouvait se défendre de concevoir une plus haute idée qu'auparavant de ses talents militaires et de la force de son armée.

A cette même époque, une foule de guerriers d'Antioche plus faibles que leurs compagnons d'armes, refusaient de souffrir avec eux les tourments de la faim. Ils ne craignaient point d'abandonner lâchement leurs frères et leurs amis. Quelques-uns de ces fugitifs, jusqu'alors plus malheureux que coupables, rencontrèrent dans leur route l'armée d'Alexis. Comme ce prince leur demandait de quelles forces disposaient encore les Latins, quel était le nombre de leurs ennemis, il reçut pour réponse : « que le sort des Chrétiens était plus triste et plus pénible que la défaite, que plus de la moitié de ceux qui étaient entrés dans Antioche avaient déjà péri, et que peu s'en fallait que le reste ne succombât à la faim. »

THÈME 87.

1° **Subjonctif** après **quin**, —après **quominus**.— Gantr. 151, 152.

2° Emploi du **comparatif**. — Gantr. 127. — **Ablatif** de la **mesure**. — Gantr. 128.

— César I. — II, 1-15. —

« Quant aux assiégeants, ils étaient beaucoup plus nombreux que les deux armées réunies des Grecs et des Latins. C'étaient des hommes d'une taille plus haute que les autres Musulmans, plus vaillants, mieux exercés que la plupart des Chrétiens. Ceux qui suivaient Alexis ne pourraient pas même soutenir le feu de leurs regards »

Par ces discours plus perfides encore que mensongers, ces hommes voulaient détourner l'empereur de porter secours à leurs frères. Et en effet, un grand trouble s'empara de toute l'armée. Saisi d'une frayeur plus vive que le plus timide de ses soldats, Alexis s'imagina que les ennemis, à la nouvelle de son approche, n'avaient pas balancé à lever le siége et à tourner leurs armes contre lui ; il n'y eut plus pour lui le moindre doute que Kerbogâ, ce guerrier plus redoutable que le sultan d'Antioche, ne s'avançât pour lui livrer bataille. Rien ne put l'empêcher de donner à l'instant l'ordre de battre en retraite.

Tous ces guerriers retournaient donc à Constantinople avec plus de rapidité qu'ils n'en étaient venus, et ne s'abstenaient pas de ravager le pays, de tuer les bestiaux, de brûler les moissons. Ils voulaient empêcher les Musulmans de les poursuivre. Il ne tenait pas à eux que, si Kerbogâ faisait entrer son armée dans ces provinces, il ne trouvât partout sur son passage la solitude et les ruines.

Cependant la situation des vainqueurs d'Antioche était plus affreuse qu'on ne peut se l'imaginer. Ils en vinrent à un tel degré de misère, qu'ils ne purent s'abstenir de tuer leurs chevaux et de se nourrir de la chair et même de la peau de ces animaux.

THÈME 88.

1° **Subjonctif** après **quin**, — après **quominus**. — Gantr. 151, 152.

2° Emploi du **comparatif**. — Gantr. 127. — **Ablatif** de la **mesure**. — Gantr. 128.

— César I. — II, 1-15. —

Certes il est difficile d'imaginer une situation plus pénible que celle de ces malheureux ; et cependant elle devint plus cruelle encore qu'auparavant, lorsque ces mets dégoûtants vinrent à leur manquer. Réduits par le manque absolu de toutes choses à un état pire que le trépas, ils ne se disaient plus les uns aux autres : « Pourquoi ne marchons-nous pas vers Jérusalem ? Pourquoi ne nous mène-t-on pas à l'ennemi ? » Ils ne s'inquiétaient plus de la conservation de cette Antioche qu'ils avaient prise plus par la ruse que par la valeur. Peu s'en fallait qu'ils ne renonçassent à la possession de cette ville aussi volontiers qu'ils l'avaient désirée. Il ne se passait point de jour sans qu'une foule de soldats plus pâles que des cadavres ne sortissent de leurs demeures pour venir tendre les mains vers les chefs de l'armée et leur faire comprendre par leurs cris qu'ils avaient faim. On ne put même empêcher les femmes et les enfants d'aller, et cela plus d'une fois, implorer du haut des murailles la pitié des assiégeants.

Les princes eux-mêmes étaient plus affaiblis qu'il n'aurait fallu. Bohémond seul, doué de plus d'énergie que les autres, refusait de se laisser abattre. Prenant une résolution plus hardie que d'ordinaire, il ne balança pas à livrer aux flammes plusieurs quartiers de la ville dans le dessein de faire sortir, s'il le pouvait, les soldats de leur torpeur. Ce spectacle rendit aux Chrétiens quelque énergie ; un grand nombre coururent, sinon pour éteindre l'incendie, du moins pour empêcher qu'il n'anéantît le reste de la ville.

THÈME 89.

1° **Subjonctif** après **quin**, — après **quominus**. — Gantr. 151, 152.

2° Emploi du **comparatif**. — Gantr. 127. — **Ablatif** de la **mesure**. — Gantr. 128.

— César I. — II, 1-15. —

Cependant il n'était pas de jour que Kerbogâ ne fît sortir une partie de ses troupes et ne les rangeât en bataille en avant du camp. Une autre troupe plus nombreuse que la première s'avançait alors jusqu'au pied des remparts, lançait sur la muraille une quantité de pierres et de traits, puis lorsque les murs étaient dégarnis de défenseurs, ils n'hésitaient pas à les saper.

En même temps, de l'autre côté, ceux qui défendaient la citadelle, plus audacieux qu'auparavant, ne craignaient pas de sortir de leurs murs et de se précipiter dans les rues de la ville. Rien ne pouvait les empêcher d'emmener chaque jour un grand nombre de Chrétiens en captivité. Peu s'en fallut souvent que l'un des chefs de l'armée, plus malheureux que les autres, ne tombât en leur pouvoir.

Encouragés par ces succès chaque jour plus grands que la veille, Kerbogâ ne s'abstenait pas de se vanter que bientôt il immolerait un plus grand nombre de Chrétiens que les Turcs n'avaient perdu d'hommes depuis le commencement de la guerre. Si Kerbogâ eût été plus habile qu'il n'était réellement, il se serait gardé de pousser les assiégés au désespoir. Ce que les armes des Chrétiens ne pouvaient faire, la foi, plus puissante que les armes, allait l'opérer.

Depuis quelque temps, des rumeurs de plus en plus fréquentes circulaient dans la ville. On disait que des prêtres, des guerriers, plus distingués que les autres par leur piété et par leur courage, avaient été témoins de certains prodiges. Il ne se passait pas de jour sans que des saints, des prophètes, J.-C. lui-même, ne leur apparussent pour leur prédire que le ciel allait bientôt mettre fin aux maux de l'armée latine.

THÈME 90.

1° **Subjonctif** après **quin**, — après **quominus**. — Gantr. 151, 152.

2° Emploi du **comparatif**. — Gantr. 127. — **Ablatif** de la **mesure**. Gantr. 128.

— César I. — II, 1-16. —

Un jour deux pèlerins plus pâles de terreur que de remords, vinrent se jeter aux pieds de Bohémond et lui avouer qu'ils avaient mérité la mort et qu'ils ne se refusaient pas à subir le châtiment des traîtres, mais qu'auparavant ils avaient certaines choses à lui dévoiler dans l'intérêt général. Bohémond n'hésita pas à assembler le conseil et y fit admettre un plus grand nombre de chevaliers que d'ordinaire. Alors ces deux hommes plus malheureux que coupables déclarèrent ce qu'ils avaient caché jusqu'alors, qu'ils avaient eu l'intention de fuir d'Antioche, mais qu'au moment où ils passaient par une des portes de la ville ils avaient rencontré tout-à-coup, l'un J.-C. lui même, le second son propre frère, mort quelques semaines auparavant dans un combat. Ce dernier avait même annoncé que le jour où les Chrétiens redevenus plus braves qu'ils n'étaient dans le moment, sortiraient de la ville et livreraient à l'ennemi une bataille décisive, la mort ne pourrait empêcher ni lui ni ses compagnons tués comme lui, de sortir de leurs tombeaux et de se rassembler pour défendre la cause sainte.

Émus de ces rumeurs et de ces prodiges, les Latins commençaient à sentir renaître leur énergie, et bientôt il n'y en eut plus un seul qui ne se proclamât plus disposé que jamais à courir au-devant des périls.

Ce changement ne causa pas moins de joie aux chefs de l'armée que les prodiges eux-mêmes. Ils jugèrent qu'il ne fallait pas hésiter à en profiter. Ils avaient plus de confiance que jamais dans la valeur de leurs guerriers, mais ne devaient-ils pas craindre que les forces leur fissent défaut? Ils crurent donc devoir proposer au chef des assiégeants de choisir entre un combat singulier et une bataille générale.

THÈME 91.

1° **Subjonctif** qui dans certains cas se met avec toutes les **conjonctions** et les **relatifs**. — Gantr. 153.

2° **Questions** de **lieu**. — Gantr. 132.

— César I. — II, 1-16. —

Dès le lendemain on envoie au général ennemi des ambassadeurs à la tête desquels se trouve Pierre l'ermite (car il était revenu à Antioche et suivait l'armée en qualité de simple pèlerin). Il prend la parole en leur nom :

« Il a été envoyé vers Kerbogâ, non pour implorer la clémence d'un vainqueur, mais pour traiter d'égal à égal avec le chef d'une armée qui ne l'emporte sur les Chrétiens ni par le nombre, ni par la valeur. Disciples d'un Dieu de paix, les Latins ne désirent point la guerre. Aussi, si leurs adversaires veulent abandonner le siége, ils pourront se retirer chez eux, ou se rendre et s'établir dans le lieu où leur général les conduira. Cela leur sera permis, dès qu'ils auront rendu les prisonniers qu'ils ont dans leur camp, et aussitôt qu'ils auront envoyé dans la ville des ôtages comme garants de leurs promesses.

« Kerbogâ qui est originaire d'une contrée lointaine, et qui pour la première fois a traversé l'Euphrate pour entrer en Syrie, ignore peut-être que c'est injustement que les Turcs occupent ces pays. Si l'on considère la priorité des temps, les Chrétiens ont les titres les plus justes à l'empire dans ces provinces. Les Chrétiens sont venus en Palestine et en Syrie bien avant les Musulmans. C'est dans ces lieux que le Christ a vécu, c'est de ces lieux que de nombreux apôtres sont partis pour se répandre dans le monde et y annoncer la foi nouvelle. Les terres, les cités que les Turcs possèdent maintenant en Syrie et en Palestine ne leur ont point été concédées par les premiers habitants; elles ont été enlevées à ces derniers par la ruse et la violence : il serait injuste de les garder plus longtemps. »

THÈME 92.

1° **Subjonctif** qui dans certains cas se met avec toutes les **conjonctions** et les **relatifs.** — Gantr. 153.

2° **Questions** de **lieu.** — Gantr. 132.

— César I. — II, 1 - 16. —

« Les Musulmans ont commis une injustice plus grande encore. Dès qu'ils ont tenu ces provinces sous leur domination et leur joug, ils ont exercé toute sorte de cruautés sur les Chrétiens qui y résidaient, ou sur ceux que la piété engageait à quitter leur patrie, à se rendre à Jérusalem, capitale de l'ancienne Judée, ou à s'établir à Samarie, à Césarée villes de Palestine. Ce ne sont donc pas les Chrétiens qui ont commencé les hostilités contre les Turcs, mais bien les Turcs contre les Chrétiens Les Latins ne seraient pas venus dans ces provinces si leurs frères ne les avaient pas appelés à leur secours.

« Avant de quitter leur patrie, avant d'abandonner chez eux leurs proches et leurs biens, les Chrétiens ont juré de ne revenir en Europe qu'après avoir forcé les Turcs à sortir de Jérusalem, de toutes les villes et de tous les pays qu'ils détiennent injustement. Ce serment ils l'ont gardé jusqu'à ce jour : ils ont en deux grandes batailles, à Nicée et à Dorylée, vaincu et dispersé deux armées turques. Ils regarderaient comme une honte de violer ce serment, qu'ils ont encore renouvelé à Antioche la nuit précédente.

« Si donc Kerbogâ ne revient pas à de meilleurs sentiments, s'il ne réfléchit ni à l'injustice de sa cause, ni aux nombreux échecs de l'armée turque, s'il veut éprouver la valeur des Latins, ils sont prêts à le combattre. Ils veulent bien cependant encore lui proposer de choisir le genre de combat qui lui convient le mieux. Il lui est donc permis, s'il le veut, de désigner les plus braves de son armée qui entreront en lice avec un nombre égal de chevaliers latins. Ou bien, si cette proposition ne peut lui plaire, dès qu'il aura donné le signal d'une bataille générale, les Chrétiens seront prêts et les armes à la main.

« Dans l'un comme dans l'autre cas, il apprendra ce que peut la valeur de ceux que Dieu favorise. »

THÈME 93.

1° **Subjonctif** qui dans certains cas se met avec toutes les **conjonctions** et les **relatifs**. — Gantr. 153.

2° **Questions de lieu**. — Gantr. 132.

— César I. — II, 1 - 17. —

Kerbogâ avait écouté le discours de Pierre avec non moins d'étonnement que de colère. Comme à ses soupçons sur la situation des assiégés se joignaient des renseignements qu'il croyait certains : sachant que les assiégés souffraient toujours les tourments de la faim, que beaucoup de guerriers avaient abandonné leur cause, que tandis que les uns retournaient dans leur patrie, d'autres allaient à Éphèse demander asile à Baudouin, qu'enfin de ceux qui restaient à Antioche peu étaient encore en état de lever l'épée, il avait cru d'abord avoir assez de motifs pour se persuader que les députés venaient se jeter à ses pieds et implorer en suppliants sa pitié. Mais quand il entendit Pierre lui parler avec fierté et le provoquer au combat, il en ressentit une colère semblable à de la fureur.

« Ce n'est point aux vaincus, s'écria-t-il, de proposer des conditions aux vainqueurs ; ce n'est point à des hommes sans force et sans courage de venir provoquer dans leur propre camp les guerriers de Mahomet. Ton discours m'a montré du reste que si les Chrétiens ont perdu la force pour combattre un ennemi en bataille rangée, ils ont conservé la langue pour le tromper.

« Mais je ne suis point assez barbare et assez mal informé de ce qui s'est passé au temps de nos pères, pour ignorer que la Syrie par où les Turcs sont passés en vainqueurs, leur appartient par le droit du glaive, comme la Bithynie où ils sont parvenus et la Palestine où ils se sont établis. Ces pays que nous avons soumis, que nous avons réduits en provinces, auxquels nous avons imposé tribut, sont aux Sarrasins comme l'Europe est aux Chrétiens. »

THÈME 94.

1° **Subjonctif** qui dans certains cas se met avec toutes les **conjonctions** et les **relatifs** (1). — Gantr. 153.

2° **Questions de lieu.** — Gantr. 132.

— César I.— II, 1-17. —

« Pourquoi venez-vous dans nos provinces ? Qu'avez-vous à faire sur nos terres? Nous avons en effet dépouillé les Chrétiens qui habitaient ces contrées ; nous l'avons fait non de notre propre mouvement, mais par l'ordre souverain de notre Prophète qui nous ordonne de quitter la patrie, les villes, la campagne, de traverser les mers et les montagnes, d'aller dans des régions lointaines pour étendre par tout le monde la puissance de sa religion et pour changer à l'aide du glaive les dispositions de ceux que nous ne pouvons persuader.

« Si les Chrétiens d'Orient, si les restes de ceux que nous avons vaincus, nous redemandaient les champs et les cités que nous leur avons ravis, nous saurions ce que nous aurions à leur répondre. Mais qu'avons-nous pris aux guerriers de l'Occident et de quel droit veulent-ils disposer du fruit de nos conquêtes? Ils auraient agi sagement en demeurant

(1) Voir les thèmes 109 et suivants.

dans leur patrie. Mais puisque poussés par la fureur et la démence, ils sont venus chez nous nous apporter la guerre, je les engage à se préparer à la mort, car pas un de ceux qui sont à Antioche ne sortira vivant de ces lieux.

« Quant à ce que tu me proposes d'envoyer au combat quelques guerriers qui décident pour tous du sort des deux armées, je refuse et je trouve les Latins bien audacieux de s'interposer dans l'exercice de mon droit. Retourne maintenant dans la ville d'où tu viens, et dis à ceux qui t'ont envoyé vers moi qu'ils nous attaquent quand ils le voudront. Ils verront bientôt lequel est le plus puissant de leur Dieu ou du nôtre ! »

THÈME 95.

1° Emploi de l'**impératif.** — Gantr. 159. — **Subjonctif** pour l'impératif. — Gantr. 146.

2° **Questions** de **lieu.** — Gantr. 132.

— César I. — II, 1 - 17. —

Ce discours terminé, Pierre voulut répondre ; Kerbogâ l'en empêcha et mettant l'épée à la main, il se tourna vers ses interprètes ordinaires : « Congédiez ces misérables, s'écria-t-il, chassez-les honteusement du camp et qu'ils retournent dans la ville ; ne les tuez pas encore, qu'ils soient réservés pour un autre moment. »

Les députés traversèrent le camp ennemi, non sans courir de grands dangers. Les Musulmans, comme on leur en avait donné la permission, ne s'abstinrent pas d'injures et d'outrages; ils les poursuivirent presque jusqu'aux portes de la ville de leurs clameurs et de leurs menaces. Les députés arrivèrent pourtant sains et saufs à Antioche.

Dès qu'ils y furent arrivés, ils se rendirent auprès des chefs et leur rapportèrent ce qu'ils avaient vu chez les ennemis et ce que Kerbogâ avait dit. On envoya aussitôt des hérauts d'armes parcourir la ville et annoncer que la bataille serait livrée le lendemain. « Soldats, s'écriaient-ils, préparons-nous à marcher à l'ennemi, et ne nous laissons point abattre. Que chacun de nous se souvienne de Nicée et de Dorylée; qu'il se rappelle que notre seul espoir de salut est dans la victoire! »

Tant que dura la nuit, les évêques et les prêtres parcoururent la ville pour encourager les guerriers. On les voyait sortir de chez les princes pour entrer chez les simples soldats, quitter les palais des grands pour pénétrer sous le toit du pauvre. Ils disaient à chacun d'eux : « Gardez-vous d'oublier que Dieu seul peut donner la victoire, et tâchez de l'obtenir de lui par vos prières. Allez donc vers lui, entrez dans son temple et n'en sortez pas que vous ne soyez dignes de combattre pour sa cause. »

THÈME 96.

1° Emploi de l'**impératif**. — Gautr. 159. — **Subjonctif** pour l'impératif. — Gautr. 146.

2° **Questions** de **lieu**. — Gautr. 132.

— César I. — II, 1-18. —

Ainsi se passa toute la nuit. N'omettons pas de dire que des vivres furent trouvés (on ne sait comment) et qu'ils furent distribués à l'armée.

Depuis le commencement du siége, les Persans gardaient soigneusement toutes les portes de la ville et principalement le pont de l'Oronte : « Que nul marchand, disaient-ils, ne puisse avoir accès près des Chrétiens, ne souffrons pas que des vivres ni des armes soient introduits dans la place, forçons ces ennemis par la famine à se rendre à composition. » Cette même nuit Kerbogâ avait appelé celui de ses lieutenants en qui il avait le plus de confiance et lui avait dit : « Réunis deux mille cavaliers, fais-les sortir du camp, et va occuper le pont qui touche à la ville du côté de l'occident. »

Au point du jour, cette nouvelle fut annoncée à Antioche par les sentinelles de l'armée latine. On jugea que la première chose à faire était de dégager le pont. Le comte de Vermandois rassemble une troupe armée à la légère : « Prenons les devants, dit-il, et ne permettons pas à nos ennemis de nous barrer le passage ; faisons en sorte qu'ils voient bientôt si c'est la crainte ou l'honneur qui nous domine ! »

Les cavaliers ennemis ne purent même soutenir le premier choc, ils s'enfuirent en désordre vers le camp. L'armée tout entière sortit alors de la ville ; elle traversa lentement le pont de l'Oronte, et s'avança vers un endroit parfaitement convenable pour y ranger des troupes en bataille : c'était une vallée qui s'étendait assez en longueur pour que la ligne de bataille pût l'occuper tout entière. A chacune des extrémités était une petite élévation qui descendant peu à peu arrivait jusqu'aux bords du fleuve.

THÈME 97.

1° Emploi de l'**impératif**. — Gantr. 159. — **Subjonctif** pour l'impératif. — Gantr. 146.

2° **Prépositions** qui régissent l'**ablatif**. — Gantr. 129.

— César I. — II, 1-18. —

Par suite de cette disposition, l'Oronte protégeait l'armée par derrière, les collines la garantissaient par devant et sur les deux ailes, et il paraissait difficile que l'ennemi pût la tourner et l'envelopper.

Aussitôt après leur arrivée dans la vallée, Godefroid mit à la tête de chacun des corps d'armée ceux de ses collègues en qui il avait le plus de confiance, afin que tous les guerriers eussent en eux des témoins de leur valeur. Ayant réuni les chefs, il leur exposa ce qu'il y avait à faire : « Vous, Comte de Flandre, dit-il, prenez le commandement de ceux qui sont à l'aile droite, et dès que le signal aura été donné, engagez l'action. Que l'évêque Adhémar demeure devant le corps de bataille, qu'il le divise en plusieurs bataillons, et qu'il place à leur tête les officiers qu'il connaît pour les plus expérimentés. Je conduirai au combat les guerriers de l'aile gauche; et que je meure si j'abandonne mon poste. Quant à vous, Prince de Tarente, rendez-vous dès maintenant derrière la ligne de bataille avec des hommes d'élite, rangez-les devant le fleuve, ne combattez pas dès le commencement de l'action, contenez leur ardeur, mais si d'un côté ou d'un autre on a besoin de leur aide, conduisez-les là où sera le danger. Qu'à votre signal, ils s'élancent avec leur intrépidité habituelle et qu'ils rétablissent le combat! »

L'armée latine était tout entière composée d'infanterie, car tous les chevaux avaient péri dans la disette : les uns étaient morts de faim, les autres avaient été tués pour servir de nourriture à leurs maîtres. Godefroid seul allait combattre à cheval :

le comte de Toulouse, forcé par la maladie de rester dans la ville, lui avait abandonné son coursier. Des autres officiers la plupart étaient à pied, quelques-uns étaient montés sur des ânes ou des chameaux.

THÈME 98.

1° Emploi de l'**impératif.** Gantr. 159. — **Subjonctif** pour l'impératif. — Gantr. 146.

2° **Prépositions** qui régissent l'**ablatif.** — Gantr. 129.

— César I. — II, 1-18. —

De tous les guerriers qui se trouvaient dans les rangs des Chrétiens, il n'en était pas un dont le visage pâle, dont les membres décharnés ne témoignassent des souffrances qu'ils avaient endurées. Mais tous montraient une ardeur admirable pour le combat et la résolution de vaincre ou de mourir pour J.-C. Le courage leur tenait lieu de force.

Jusqu'à ce moment Kerbogâ s'était dit : « Ne craignons pas que les Chrétiens connaissant nos forces, osent nous livrer bataille. Cependant soyons prêts à tout événement. Ne retenons pas plus longtemps nos troupes dans le camp; faisons-les sortir et qu'elles aillent se ranger sur les hauteurs en face de l'Oronte. Faisons en sorte que, si les Chrétiens veulent engager l'action, ils en trouvent le moyen.

Mais gardons-nous de nous avancer nous-mêmes à la tête de notre armée. Il y aurait lieu de prendre une telle peine contre des ennemis vaillants et robustes, mais elle est inutile avec des hommes à demi vaincus par la faim et les maladies. Du reste, persuadons-nous bien que les deux mille cavaliers qui ont été placés à la garde du pont sont suffisants pour couper le passage à toute l'armée d'Antioche. »

Mais dès qu'il apprit que le pont était au pouvoir des Latins, que de ces 2,000 hommes, les uns étaient en fuite, les autres tués, une grande terreur s'empara de lui. Aussitôt cette nouvelle reçue, il envoya des députés proposer aux Latins ce qu'il avait lui-même refusé la veille, de confier à quelques chevaliers d'élite le sort des deux armées. Les chefs qui, voyant l'impatience des troupes, ne voulaient pas que la bataille fût remise sous aucun prétexte, repoussèrent cette proposition avec non moins de mépris que le persan l'avait repoussée le jour précédent. Après avoir exhorté leurs soldats, ils engagèrent l'action.

THÈME 99.

1° Emploi de l'**impératif.** Gantr. 159. — **Subjonctif** pour l'impératif. — Gantr. 146.

2° **Prépositions** qui régissent l'**ablatif.** — Gantr. 129.

— César I. — II, 1-19. —

Remarquant que les Sarrasins avaient couvert toute la montagne de troupes et avaient par là diminué leurs forces, Godefroid dit à ses collègues : « Ne fondons pas tous ensemble sur l'ennemi; attendons le moment favorable et envoyons-lui nos bataillons un par un.

« Faisons en sorte que, quand les cavaliers ennemis, après avoir pris la fuite suivant leur coutume, reviendront à la charge, ils soient reçus chaque fois par des troupes fraîches et mieux disposées à leur résister. Que chaque bataillon attaque avec vigueur, puis, qu'il se porte en arrière, qu'il revienne à la place qu'il a quittée, qu'il reste immobile au bord du fleuve, prêt à s'élancer de nouveau dès qu'il sera nécessaire. »

L'attaque des Persans déconcerta cette tactique des Latins. Les ennemis engagèrent l'action tout à la fois à l'aile droite, à l'aile gauche et au centre. Dès le premier moment, ils s'élancèrent avec tant de rapidité du haut de la montagne, qu'il ne leur restait plus assez d'espace pour lancer leurs traits et leurs flèches. Tirant alors leurs épées, ils voulurent combattre corps à corps. Mais les Chrétiens formés en rangs serrés soutinrent bravement leur choc. Il y eut un grand nombre de Latins qui s'élançaient à l'improviste sur un cavalier ennemi, écartaient d'une main sa lance ou son épée, et de l'autre frappaient le cheval. L'animal se sentant blessé se jetait en arrière emporté par la douleur, mettait le désordre dans toute la troupe, et ne cessait de fuir que lorsque, après une course de plusieurs milles loin du champ de bataille, il tombait épuisé par la perte de son sang. On combattait ainsi depuis une heure seulement, et déjà la bataille ressemblait à un carnage.

THÈME 100.

1° Emploi de l'**impératif.** Gantr, 159. — **Subjonctif** pour l'impératif. — Gantr. 146.

2° **Prépositions** qui régissent l'**ablatif.** — Gantr. 129.

— César I. — II, 1-19. —

Cédez, Musulmans, mettez votre salut dans la fuite, ou tendez les mains vers vos vainqueurs et faites leur entendre que vous vous rendez. Ou plutôt ne vous rendez pas, résistez; au lieu de cette vaine terreur, montrez encore quelque énergie et ne vous laissez pas arracher la vie sans la défendre!..

Si de ce côté (à l'aile gauche de l'ennemi) les lignes persanes étaient déjà en pleine déroute, en arrière les Musulmans pressaient vivement le corps de réserve commandé par Bohémond. Quinze mille hommes de cavalerie qui se trouvaient à la droite de l'ennemi, attendaient depuis le commencement de la journée et n'avaient pas encore pris part à l'action. L'officier qui avait le commandement suprême au lieu du général en chef leur envoya dire : « Ne laissez pas échapper l'occasion de faire éprouver aux Latins un échec éclatant. Remarquez cette poignée d'hommes qu'un si grand espace sépare du reste de l'armée ennemie : descendez bride abattue la montagne, attaquez-les à l'improviste, culbutez-les, puis (comme votre nombre vous le permet) enveloppez toute la ligne de bataille. En les prenant ainsi par devant et par derrière, il nous sera aisé de remporter la victoire. »

Ces cavaliers jugèrent que cet avis n'était pas à négliger. Aussitôt cet ordre reçu, ils descendent du lieu où ils se trouvaient jusqu'à la rive de l'Oronte, et attaquent les guerriers de Bohémond. Ceux-ci serrant leurs rangs se défendaient avec ardeur, mais la lutte était trop inégale. Accourez, vaillant Godefroid, et envoyez quelques braves au secours de Bohémond; n'oubliez pas que de votre diligence dépend le succès de la journée!... Godefroid accourt en effet, Tancrède le suit de près avec les siens; ils rétablissent le combat.

THÈME 101.

1° **Subjonctif** dans les **interrogations indirectes.** — Gantr. 155.

2° Accord de l'**attribut** et du **sujet** — de l'**adjectif** et du **substantif** (1) — Gantr. 80, 81.

— César I. — II, 1-19. —

Bientôt toute cette multitude de cavaliers persans est culbutée et forcée de quitter le champ de bataille. Ils se retirent en tumulte, mais ne sachant comment retarder ceux qui les poursuivent, ils mettent le feu à des meules de paille et de foin qui couvrent cette partie de la vallée. On ne sait si elles y avaient été placées à dessein ou non.

Mais rien ne peut arrêter les braves Chrétiens : ils traversent les flammes, attaquent les derniers des fuyards et les poursuivent jusqu'au pied de la colline. Tandis que ceux-ci tremblants hésitent s'ils fuiront du côté du camp ou vers les montagnes, les Latins en tuent un grand nombre. Une partie des cavaliers ennemis qui voulaient traverser le fleuve et cherchaient en vain un gué, furent entraînés par le courant et périrent dans ces

---

(1) Nous reprenons ici par groupes les règles de l'accord des mots et de l'emploi de cas. Elles n'auront plus dans le reste de ce cours qu'une importance secondaire.

eaux rapides dont la profondeur était de plus de quinze pieds.

Disons maintenant quels événements se passaient à l'endroit où les deux armées étaient en présence. A partir de ce moment on put juger combien étaient grands la terreur et le désespoir des Persans. Ils ne se demandent plus s'ils résisteront ou s'ils imploreront la pitié du vainqueur : ils fuient. En vain leurs officiers, troublés eux-mêmes, emploient les prières et les menaces. En vain ils leur demandent s'ils ont oublié leurs anciennes victoires, s'ils ont dégénéré de la valeur de leurs pères. En vain les trompettes et les timbales les rappellent auprès de leurs drapeaux. Ils fuient à travers les bois et les montagnes. La plupart, aveuglés par le désespoir, ne savent où leurs coursiers les emportent. Quelques-uns qui ont échappé au glaive, vont trouver la mort au fond des précipices.

THÈME 102.

1° **Subjonctif** dans les **interrogations indirectes**. — Gantr. 155.

2° Accord de l'**attribut** et du **sujet** — de l'**adjectif** et du **substantif**. — Gantr. 80, 81.

— César I. — II, 1-20. —

On sait quelle avait été l'arrogance du farouche Kerbogâ, avec quel mépris il avait reçu les ambassadeurs chrétiens, avec quelle colère il avait rompu la conférence. Ce foudre de guerre, ce libérateur de l'Asie, ce fléau des Chrétiens (c'est ainsi qu'il s'appelait lui-même), s'enfuit à toute bride et ne s'arrêta que lorsqu'il fut arrivé à l'Euphrate, accompagné seulement de quelques-uns de ses plus fidèles guerriers.

La faible garnison turque renfermée dans la citadelle d'Antioche ne se doutait guère de quel sort était menacée la vaillante armée de Kerbogâ. Autrement ils ne se seraient pas demandé s'il était utile ou non de prendre part à la bataille : ils seraient sortis tous ensemble de leurs murs, et après avoir repoussé le petit nombre de Latins chargés de les contenir, ils seraient accourus au secours de leurs alliés. Et qui sait s'ils n'auraient pas réussi par leur arrivée inattendue à faire renaître dans les cœurs des Persans un nouveau courage et l'espérance de vaincre ?

Quand la nuit eut mis fin à la poursuite des fuyards, quand les Latins rentrèrent dans la ville chargés de butin, alors seulement les Turcs reconnurent, aux chants de victoire de leurs ennemis, de quelle affreuse catastrophe leurs alliés avaient été frappés. Saisis de je ne sais quelle terreur superstitieuse, ils se rendirent à composition, et envoyèrent aux Chrétiens comme ôtages les premiers et les plus nobles d'entre eux. Touchés de la promptitude de leur soumission, les vainqueurs usèrent à leur égard de clémence et de générosité, et les reçurent à composition après s'être fait remettre leurs armes.

THÈME 103.

1° **Subjonctif** dans les **interrogations indirectes.** — Gantr. 155.

2° Accord de l'**attribut** et du **sujet** — de l'**adjectif** et du **substantif.** — Gantr. 80, 81.

— César I. — II, 1-20. —

C'est le 29 juin 1098, que l'armée latine infligea ce terrible châtiment aux troupes du persan Kerbogâ. Nous ne savons si l'histoire compte de plus glorieuse victoire, et l'on se demande avec raison comment il s'est fait qu'avec des forces si inférieures en nombre les Chrétiens ont réussi à culbuter et à mettre en déroute une telle multitude d'ennemis. On ignore combien d'hommes perdirent les Musulmans vaincus, dans cette journée désastreuse. L'histoire dit que cent mille ennemis furent trouvés morts sur le champ de bataille, mais elle ne dit pas quel est le nombre de ceux qui périrent dans la fuite. Quant aux Chrétiens vainqueurs, ils eurent à peine à déplorer la perte de quatre mille des leurs.

Après s'être emparés du camp ennemi et des immenses richesses qui s'y trouvaient, les chefs de l'armée envoyèrent en Occident une lettre aux princes et aux peuples, leurs frères et leurs alliés. Ils y parlaient beaucoup de leurs exploits et disaient peu de choses des souffrances que l'armée avait endurées. Ils ne disaient ni quels officiers avaient été tués, ni quels princes avaient fait défection, ni surtout quel était le nombre des guerriers que les Latins avaient perdus. Ils racontaient en termes pompeux, au commencement de leur lettre, quels pays ils avaient traversés en vainqueurs, quels peuples s'étaient rendus à eux, combien de cités ils avaient prises d'assaut en passant, quand et combien de fois ils avaient vaincu les Turcs, dans quelles villes ils se trouvaient pour le moment, combien étaient justes et légitimes les espérances qu'ils concevaient d'entrer bientôt dans Jérusalem, but de leur expédition........

Ils terminaient en demandant des renforts.

THÈME 104.

1° **Subjonctif** dans les **interrogations indirectes.** — Gantr. 155.

2° Accord de l'**attribut** et du **sujet** – de l'**adjectif** et du **substantif.** — Gantr. 80, 81.

— César I. — II, 1-20. —

« Nous voudrions, disaient-ils, persuader à tous nos frères d'Occident de venir partager avec nous les chances de notre glorieuse entreprise. Il y a encore dans l'Europe, notre commune patrie, une foule de guerriers, nos frères, nos parents, nos amis, qui ont pris la croix, qui se sont engagés par serment à nous suivre et qui, les uns pour une cause les autres pour une autre, ne l'ont point encore fait. Nous demandons pourquoi ils hésitent, pour quelle raison ils n'ont point encore exécuté leur promesse. D'autres en plus grand nombre délibèrent encore et se demandent s'ils entreprendront cette sainte expédition. Que ceux-là songent à notre succès, qu'ils voient combien notre cause est juste et sainte, quelles récompenses nous sont réservées. Nous ne savons ni ce qu'ils craignent encore, ni pourquoi ils semblent se défier de nos talents militaires, de notre expérience et de la protection divine. Qu'ils viennent à nous par les routes que nous leur avons frayées : ils rencontreront des amis, des alliés ou des esclaves dociles, partout où nous avons trouvé les combats et les périls. »

On se demanda en même temps s'il n'était pas à propos de rappeler à l'empereur Alexis combien de fois et avec quelle solennité il avait promis de marcher lui-même avec les Latins à la conquête de Jérusalem. On envoya donc à Constantinople une ambassade dont les chefs étaient Hugues, comte de Vermandois et Baudouin, comte de Hainaut. Celui-ci qui était parti d'Antioche un jour plus tôt que le comte de Vermandois son collègue pour éclairer la route, marchait à la tête de son escorte dans les défilés des montagnes qui avoisinent Nicée, ville où il se proposait de demeurer quelques jours, quand il fut attaqué par les barbares.

THÈME 105.

1° **Subjonctif** dans les **interrogations indirectes**. — Gantr. 155.

2° Emploi du **nominatif**. — Gantr. 12.

— César I. — II, 1-21. —

Le sort du comte de Hainaut est demeuré un mystère. Les historiens ignorent si le prince fut enlevé par les barbares ou s'il périt les armes à la main. Comme le comte de Vermandois était sur le point d'entrer dans les mêmes défilés, des Chrétiens indigènes lui apprirent avec quelle audace les barbares avaient arrêté son collègue au passage ; mais ils ne purent l'informer s'il était mort ou prisonnier. Le comte resta quelque temps caché dans une forêt. On ne sait s'il désespéra du succès de la guerre ou s'il craignit d'être traité en revenant comme l'avait été Baudouin de Hainaut. Toujours est-il qu'il résolut de retourner en Occident. Arrivé à Constantinople, il oublia de quelle mission il avait été chargé, quel serment il avait prêté, et aimant mieux passer pour lâche et traître que de reparaître seul à Antioche, il retourna en France.

Cependant à Antioche les pèlerins demandaient à grands cris pourquoi on ne donnait pas le signal du départ, quand ils marcheraient vers Jérusalem. « Non seulement, disaient-ils, les Turcs de la Syrie peuvent être regardés comme soumis, mais la renommée que les Latins se sont acquise par tant de victoires et surtout par la défaite récente de Kerbogâ, a commencé à se répandre chez toutes les nations de l'Asie mineure. Si les princes veulent se montrer sages, ils n'attendront pas que le temps ait affaibli cette haute opinion. Nous demandons s'ils doutent de notre courage et s'ils ne l'ont pas mainte fois mis à l'épreuve. Et s'il n'en est pas ainsi, qu'ils nous disent donc à quoi sert que nous demeurions oisifs dans cette ville, et pourquoi nous ne continuons pas notre marche. »

THÈME 106.

1° **Subjonctif** dans les **interrogations indirectes.** — Gantr. 155.

2° Emploi du **nominatif.** — Gantr. 82.

— César I. — II, 1-21. —

Émus de ces plaintes et de ces cris, les chefs de l'armée se réunirent pour décider s'il fallait partir ou rester. Plusieurs se montraient fatigués de la longueur de la guerre : ils hésitaient s'ils marcheraient en avant. Un grand nombre même demandaient si ce qu'il y avait de mieux à faire n'était pas de retourner en Europe. Se rappelant combien de souffrances, combien de privations ils avaient eues à supporter, ils se demandaient si de plus grands maux encore ne leur étaient pas réservés. D'ailleurs la plupart, à l'exemple de ce Baudouin qui était devenu comte d'Édesse, oubliaient quel serment ils avaient prêté, combien de fois ils l'avaient renouvelé; ils ne songeaient qu'à être désignés, si l'occasion s'en présentait, comme princes d'une de ces belles et fertiles provinces qu'ils avaient autour d'eux. Ceux enfin qui voulaient passer pour moins timides ou moins ambitieux, alléguaient divers prétextes pour demeurer à Antioche.

Il fut décidé qu'on ferait comprendre aux guerriers

combien il était à craindre que l'armée ne souffrît trop de la chaleur pendant les ardeurs de l'été, dans des contrées arides, dans des plaines de sable brûlant. On leur demanda s'il n'était pas préférable d'attendre dans la ville les premiers jours de l'automne, s'ils n'aimaient pas mieux rester oisifs pendant quelques mois, que de s'exposer inutilement à de nouveaux dangers.

Comme les soldats supportaient difficilement cette inaction, on chercha comment on les empêcherait de se révolter contre l'autorité de leurs chefs. Il parut au conseil que le meilleur moyen était de faire quelques excursions dans les provinces voisines.

THÈME 107.

1° **Subjonctif** après les **relatifs**. — Gautr. 156.

2° Équivalents du pronom **on**. — Gautr. 83.

— César I. — II, 1-21. —

On trouva facilement un grand nombre de guerriers qui désiraient faire partie de ces expéditions, et l'on choisit pour les commander le prince de Tarente et le comte de Toulouse.

Bohémond n'était pas homme à repousser cette occasion d'augmenter ses domaines. Il entra en Cilicie. Tarse, Malmistra et d'autres villes moins importantes se soumirent à lui sans retard. Raymond conduisit dans la Syrie une troupe nombreuse et digne de le seconder; il s'avança à grandes journées vers la ville d'Albarée. Effrayés de la rapidité de sa marche, les habitants essayèrent pourtant de se défendre. Mais au bout de quatre jours, ils furent forcés de se rendre : ils envoyèrent des députés chargés de déclarer que les assiégés se remettaient entre les mains de leur vainqueur et qu'ils demandaient la vie sauve. Ayant pris Albarée, Raymond y mit une garnison et revint à Antioche.

Ces succès, on doit l'avouer, n'étaient pas de nature à engager les chefs à se départir de leur résolution de demeurer aussi longtemps qu'ils le pouvaient à Antioche. L'époque arriva où l'on avait promis de diriger l'armée vers Jérusalem; les guerriers envoyèrent quelques-uns d'entre eux aux princes avec mission de leur rappeler leur promesse. Les mêmes hommes qui avaient pris pour prétexte les chaleurs de l'été, alléguèrent les rigueurs de l'hiver. Ils répondirent qu'ils craignaient que l'armée ne fût pas en état de supporter les pluies, les frimas, les difficultés de la route, et qu'il fallait différer le départ jusqu'au mois de mars. Ce qui surtout les engageait à prendre cette détermination, c'était qu'il n'y avait aucun motif pour ne pas attendre le retour des nombreux soldats occupés hors de la ville à différentes expéditions. »

THÈME 108.

1° **Subjonctif** après les **relatifs**. — Gantr. 156.
2° Équivalents du pronom **on**. — Gantr. 83.

— César I. — II, 1-22. —

A cette époque en effet Raymond de Toulouse et les comtes de Flandre et de Normandie avaient réuni leurs forces pour assiéger la ville de Marra. Mais on eût dit que les assiégés s'étaient complètement remis de leur terreur : autant l'attaque était vive, autant la résistance était opiniâtre. Il n'était pas un seul guerrier latin qui ne fût animé par l'espoir d'un riche butin, mais on n'eût point trouvé un seul Sarrasin qui ne gardât le souvenir des traitements que les Chrétiens avaient fait subir aux habitants d'Antioche. Chaque jour pendant trois semaines, les Latins furent en état d'éprouver la constance de leurs ennemis et leur propre valeur. On comprit enfin dans la ville que tout espoir de se défendre était perdu, on vit en même temps que les vivres commençaient à manquer, et l'on jugea qu'il fallait ouvrir les portes à l'ennemi.

Alors les assiégeants s'élancèrent tous ensemble avec une telle rapidité qu'ils semblaient être presque en même temps dans la plaine, dans le fossé et dans les rues de la ville. On frémit de rapporter que les vainqueurs massacrèrent tous les habitants jusqu'au dernier; on n'épargna même ni les femmes, ni ceux que leur âge rend inutiles dans une guerre. Les Sarrasins moururent en braves que la mort ne peut effrayer ; il n'y en eut pas un qui consentît à implorer la clémence du farouche vainqueur.

Mais les Chrétiens eurent bientôt à regretter leur cruauté. Il y en eut un grand nombre qui, réduits à un manque complet de subsistances, n'ayant plus de quoi assouvir leur faim, furent forcés de se nourrir des cadavres de ceux qu'ils avaient immolés (1).

THÈME 109.

1° **Subjonctif** après les **relatifs**. — Gantr. 156.

2° **Accusatif** avec les verbes **transitifs** — **intransitifs**. — Gantr. 84, 85, 86.

— César I. — II, 1 - 22. —

Les chefs de l'expédition se disputèrent alors la possession de la ville. Raymond prétendit qu'elle était à lui plutôt qu'à ses collègues et qu'elle devait être occupée tout entière par ses Provençaux. Comme les Normands et les Flamands, poussés à bout par cette injuste prétention, voulaient maintenir leur droit par les armes, Bohémond arrivé trop tard pour entrer dans la ville avec les autres,

---

(1) Voir Michaud, Hist. des Croisades. T. II, p. 70.

accourut au conseil pour déclarer qu'on devait lui réserver un quartier de la ville. « Il n'était venu, disait-il, que parcequ'on l'avait appelé, et ce n'était point sa faute si la ville avait été prise avant son arrivée. »

Les soldats commencèrent alors à déplorer l'ambition et la cupidité de leurs chefs et à s'écrier : « qu'ils étaient venus combattre pour la cause de J.-C. et non pour celle de tel ou tel prince ; qu'ils n'avaient point parcouru tant de contrées, mené une existence si pénible, souffert tant de maux, pour périr d'une mort inutile à la cause de la croix ; que si l'on ne rompait sur le champ la conférence, ils renonceraient à leur entreprise avec non moins d'empressement qu'ils l'avaient embrassée. »

Sur ces entrefaites se répandit un bruit de nature à rendre plus vives les plaintes des Latins. « Les Égyptiens qui voyaient que d'un côté les Sarrasins vaincus et dispersés ne pourraient de longtemps se rallier et reprendre les armes, et qui savaient que d'autre part les Chrétiens qui auraient dû profiter de la victoire pour marcher à la conquête de la Terre Sainte, perdaient leur temps à se disputer la possession de la ville qu'ils avaient prise, les Égyptiens, disons-nous, étaient sortis de leurs frontières, avaient envahi la Palestine et étaient entrés dans Jérusalem. »

THÈME 110.

1° **Subjonctif** après les **relatifs** — Gantr. 156, 153.
2° **Accusatif** avec les verbes **transitifs — intransitifs.** — Gantr. 84, 85, 86.

— César I. — II, 1-22. —

Une multitude de guerriers se rassemblèrent sur la place publique de Marra, et recommencèrent avec grand bruit et grand tumulte à gémir sur leur destinée et sur l'obstination de leurs chefs.

« Voilà, s'écriaient-ils, où nous ont conduits les lenteurs et les hésitations de nos princes, de ceux qui ont sur nous droit de vie et de mort ! Notre sort est d'autant plus pénible que nous l'avons moins mérité. Quelle raison y avait-il pour que le lendemain de la défaite de Kerbogâ on ne nous conduisît pas à l'ennemi comme nous le demandions ? Si on l'avait fait, nous serions maintenant en possession de Jérusalem, nos troupes entoureraient le tombeau du Christ. Il nous eût été facile en effet, de battre et de chasser les Turcs, que terrifiait le souvenir de nos victoires. Mais quand le temps sera venu d'assiéger la ville sainte, un ennemi bien plus redoutable viendra nous livrer bataille, puisqu'il a vaincu ces mêmes Turcs. Et si nous avons à subir quelque échec de la part de ce nouvel adversaire, qui devra-t-on accuser de trahison ou d'imprudence ? Est-ce nous, qui avons sans cesse et à grands cris demandé qu'on nous menât à l'ennemi, ou ces princes, qui quoique possédant l'autorité, négligent la sainte cause, qui se servent même de leur pouvoir pour la trahir? Mais puisque, comblés des bienfaits du ciel, ils lui témoignent assez peu de reconnaissance pour abandonner sa cause, puisqu'ils croient devoir préférer leur propre intérêt à l'utilité générale, nous refuserons de leur obéir. S'ils ont perdu le souvenir des serments qu'ils ont faits, nous n'avons point oublié les nôtres ! »

THÈME 111.

1° **Subjonctif** après les **relatifs.** — Gautr. 156, 153.

2° **Accusatif** avec les verbes **transitifs — intransitifs.** — Gautr. 84, 85, 86.

— César I. — II, 1-23. —

« Nous enverrons donc encore une fois vers eux quelques-uns des nôtres, chargés de les prier, de les supplier de donner sans délai l'ordre du départ. S'ils refusent encore, s'ils ne reviennent pas à de meilleurs sentiments, nous les déclarerons indignes de nous commander. Nous confierons notre salut à ceux de nos frères d'armes qui se distinguent le plus par le courage et la piété, et nous partirons pour la Palestine. »

Les députés se dirigèrent donc vers l'endroit où ils

devaient trouver les chefs en conférence. Mais pendant la route il s'en trouva un qui émit un nouvel avis : « Quelle raison y a-t-il pour que les princes diffèrent le départ de l'armée? Il n'y en a pas d'autre que leur contestation à propos de la possession de Marra. Il est facile de terminer ce différend et d'obtenir en même temps ce que l'armée demande. Il suffit pour cela de démolir cette ville maudite. »

Quand ce nouvel avis eut été transmis à la foule, il y excita des transports unanimes. On ne trouva pas un seul guerrier qui ne se déclarât prêt à mettre immédiatement le projet à exécution. Ils coururent avec ardeur aux remparts et commencèrent à les renverser; ils y travaillèrent tant que le jour dura.

Informés de ces événements, les comtes de Normandie et de Flandre, ainsi que Bohémond, n'hésitèrent pas à déclarer qu'ils regrettaient leur obstination et qu'ils renonçaient à leurs prétentions pour le plus grand bien de la cause. Raymond seul refusait de rien accorder : « Il lui semblait étonnant, disait-il, que l'armée voulût lui prescrire comment il devait user de son droit. »

Parmi les prêtres qui suivaient l'armée, il y en avait un qui, par ses vertus, par sa science, avait quelque influence sur l'esprit de Raymond. Il alla trouver le comte et l'exhorta à imiter ses collègues.

THÈME 112.

1° **Subjonctif** après les **relatifs.** — Gantr. 156, 153.
2° **Accusatif** avec les verbes **transitifs — intransitifs.** — Gantr. 84, 85, 86.

— César I. — II, 1-23. —

Il n'y avait pas d'autre moyen de persuader Raymond que de lui parler avec franchise. Il lui rapporta donc tout ce qu'il avait vu et entendu dans la ville; il lui dévoila les projets des soldats. Raymond se rendit enfin, et soit pour paraître céder avec plus de générosité, soit plutôt pour enlever à Bohémond tout espoir de s'emparer de la place après le départ de l'armée, il fit proclamer « qu'il acceptait maintenant la demande de partir que les guerriers avaient faite; il avançait même le moment du départ qu'il avait voulu d'abord remettre à un jour plus éloigné : le camp serait levé le lendemain ; mais il avait décidé qu'auparavant la ville serait livrée aux flammes. »

Cet ordre était de nature à plaire aux soldats; ce qui venait en aide à l'exécution , c'est que les Latins excités par leur impatience étaient gens à savoir ce qu'il y avait à faire et à pouvoir aussi bien agir par eux-mêmes que recevoir des ordres. Ils firent donc de leur propre autorité ce qui leur semblait le plus convenable. On en trouva un grand nombre qui se précipitèrent dans les rues de la ville, et qui en lançant des torches enflammées sur les toits des maisons partout où le hasard les leur offrait, mirent aisément le feu à la ville....

Quelques heures après, l'armée rangée dans la plaine plutôt comme le permettaient les circonstances que comme l'exigeaient les règles de l'art militaire, contemplait avec joie l'incendie qu'elle avait allumé. Raymond sortit de la place les pieds nus et paraissant gémir amèrement sur son obstination. Il n'y eut point un soldat qui ne l'entendît alors renouveler à haute voix le serment de délivrer le tombeau du Christ.

THÈME 113.

1° **Subjonctif** après les **relatifs**. — Gantr. 156.

2° **Accusatif** avec les verbes **decet**, **fugit**, etc. — Verbes qui veulent deux **accusatifs** — Gantr. 87, 88.

— César I. — II, 1-23. —

L'incendie étant éteint, il n'y avait plus rien qui retînt l'armée dans ces lieux. Au point du jour, après avoir fait faire les préparatifs nécessaires, Raymond donna le signal du départ. Il y avait dans l'armée nombre de guerriers qui auraient voulu (et ils ne cachaient à personne leur désir), choisir un autre prince pour leur général. Mais la plus grande partie des soldats le jugeaient de nouveau digne de les diriger, et d'ailleurs c'était à lui que par la volonté de Godefroid le commandement suprême avait été déféré.

Raymond de Toulouse conduisit donc l'armée vers la fertile province de Phénicie. Bien des jours se passèrent pendant lesquels on n'eut aucune occasion de combattre. Il n'en fut pas où les Latins ne vissent accourir à eux des Sarrasins qui venaient faire leur soumission, ou des députations de Chrétiens indigènes chargés de se mettre eux et leurs tribus sous leur protection. Aux uns et aux autres, Raymond demandait qu'on lui amenât des vivres et des ôtages.

On arriva devant une ville que les historiens nomment Archas. Raymond voulut d'abord l'emporter d'assaut sans s'arrêter; mais n'y pouvant réussir à cause de la largeur des fossés, de la hauteur des murailles et surtout du courage de ses défenseurs, il y dressa ses tentes, et prit la résolution d'y attendre le reste de l'armée d'Antioche.

Bohémond, revenu à Antioche, n'avait caché à aucun de ses collègues la nouvelle de l'incendie de Marra, et il n'était pas un soldat qu'il n'eût instruit du départ de l'armée d'expédition. Apprenant ces événements, les chefs des Latins ne voyaient pourtant pas encore qu'il y eût des motifs suffisants pour donner l'ordre de lever le camp.

THÈME 114.

1° **Subjonctif** après les **relatifs.** — Gantr. 153.

2° **Accusatif** avec les verbes **decet**, **fugit**, etc. — Verbes qui veulent deux **accusatifs.** — Gantr. 87, 88.

— César I. — II, 1-24. —

Ce mauvais vouloir des chefs à l'égard des soldats était trop évident pour ne pas causer à ceux-ci la plus vive irritation. « Ils avaient, disaient-ils, trop bien mérité dans toutes les circonstances de la cause chrétienne, pour être jugés indignes de marcher vers Jérusalem. »

Sur ces entrefaites, ils apprirent que Godefroid, dont l'absence leur avait été cachée, revenait d'Édesse, où il était allé visiter ce frère que les Édesséniens avaient choisi pour leur prince. Le duc de Bouillon était le seul de leurs chefs que les Latins regardassent encore comme leur ami, leur père, et en qui ils eussent encore quelque confiance. Comme il approchait de la ville, il y eut une foule considérable qui se porta à sa rencontre. Dès qu'il parut, les cris et les plaintes s'élevèrent. « Quelle raison y a-t-il pour que l'on remette constamment le départ à une époque plus éloignée? Nous voulons savoir s'il reste encore parmi nos princes des hommes qui préfèrent l'honneur militaire et le bien de notre cause à leur propre intérêt et à leur ambition. »

Bohémond ne cacha rien à Godefroid, il l'instruisit de tous les événements de Marra. Alors celui-ci crut qu'il n'y avait plus à hésiter, et qu'il fallait suivre avec tout le reste de l'armée la même route que les soldats de Raymond. Il fixa donc le jour où toutes les troupes partiraient d'Antioche.

Quand le jour convenu fut arrivé (c'était au mois de mars 1099), il n'y a pas de termes qui puissent dépeindre avec quelle joie l'armée latine s'éloigna d'une ville, témoin de tant de gloire et de tant de misères.

THÈME 115.

1° **Conjonctions** qui régissent le **subjonctif.** — Gantr. 157, 158.

2° **Accusatif** avec les verbes **decet**, **fugit**, etc. — Verbes qui veulent **deux accusatifs.** — Gantr. 87, 88.

— César I. — II, 1-24. —

Godefroid, qui avait en main le commandement suprême, avait envoyé la cavalerie en avant et suivait avec toutes les troupes de pied et la multitude des pèlerins sans armes. A ses côtés marchait le prince de Tarente; mais quand l'armée fut arrivée à Laodicée, comme s'il redoutait que pendant son absence les Turcs ou l'un de ses collègues ne lui enlevassent sa principauté, Bohémond crut devoir se hâter de revenir à Antioche.

Pendant que les Latins séjournaient à Laodicée

pour y attendre jusqu'à ce que les subsistances qui leur avaient été promises fussent rassemblées et apportées, de nouveaux renforts vinrent se joindre à eux. Ils se virent rendus un grand nombre de leurs frères qu'ils avaient crus morts. Les Turcs, par les domaines desquels avait passé l'armée latine, s'étaient empressés de les ramener avant que les Chrétiens n'allassent les rechercher chez eux. Quoique ces malheureux eussent été chargés de chaînes et traités en prisonniers de guerre, ils étaient encore prêts à courir à de nouveaux périls.

A peine étaient-ils établis de quelques jours dans cette contrée, que de nouveaux auxiliaires leur arrivèrent d'Europe. Au nombre de ceux-ci étaient des Anglais. Lorsque Guillaume-le-Conquérant quitta la Normandie et traversa la mer pour aller s'emparer de la couronne d'Angleterre, une armée nombreuse s'avança pour s'opposer à ses desseins. Mais quand les Saxons eurent essuyé une défaite éclatante, après qu'ils eurent perdu presque toute leur vieille noblesse, la plupart de ceux qui restaient furent contraints de se rendre et de jurer qu'ils demeureraient toujours soumis aux Normands.

THÈME 116.

1° **Conjonctions** qui régissent le **subjonctif**. — Gantr. 157, 158.
2° **Accusatif** avec les verbes **decet, fugit**, etc. — Verbes qui veulent **deux accusatifs**. — Gantr. 87, 88.

— César I. — II, 1-24. —

Ceux qu'on ne put décider à faire le même serment, s'enfuirent de l'Angleterre, avant que le vainqueur ne pût les en empêcher. La plupart de ces fugitifs ayant perdu tout espoir de délivrer leur pays, venaient chercher en Palestine une nouvelle patrie, de nouvelles demeures, loin de leur terre natale; ils étaient prêts à partager avec les Latins les chances de la guerre ; ils leur demandaient donc asile et protection.

Au sortir de Laodicée, Godefroid se dirigea à grandes journées vers Archas, où se trouvaient Raymond et le reste de l'armée. Cette ville était tellement forte par son assiette, qu'elle offrait de grandes facilités pour faire durer la guerre, quoiqu'elle fût presque dépourvue de défenseurs. Les Latins, au lieu de passer outre ou de livrer assaut, dressèrent leurs tentes et attendirent que la famine forçât les habitants à se rendre.

A peine y étaient-ils de quelques jours qu'ils reçurent une ambassade de l'empereur Alexis: « Il se plaignait de ce que ceux qu'il nommait ses alliés et qui se proclamaient ses amis, n'étaient point demeurés fidèles à leurs conventions, et n'avaient point placé sous son autorité les places de Bithynie et de Syrie, qu'ils avaient conquises. Ses troupes étaient en armes, et il se montrait prêt à leur donner l'ordre de marcher pour se joindre aux Latins, pourvu que ceux-ci lui assurassent de nouveau qu'ils lui abandonneraient la libre possession de toutes leurs villes, et pourvu qu'ils lui donnassent des ôtages comme garantie de leurs promesses. »

THÈME 117.

1° **Conjonctions** qui régissent le **subjonctif.** — Gantr. 157, 158.

2° **Datif** avec les verbes **transitifs** — **intransitifs.** — **Datif d'avantage.** — Gantr. 93, 94, 95.

— César I. — II, 1-25. —

Avant même qu'on ne connût dans l'armée l'impudence et la perfidie d'Alexis, les princes lui avaient déjà renvoyé les députés avec cette réponse : « Il leur semblait étrange que l'empereur de Constantinople osât encore parler de conditions violées, comme si lui-même avait gardé la foi jurée et les promesses faites pour le bien de la cause chrétienne ; comme si ce prince, pendant le siége d'Antioche, alors qu'il était en marche pour venir au secours de ses alliés, n'avait pas pris honteusement la fuite et n'était pas retourné dans sa capitale en apprenant que la situation de ses alliés était désespérée. L'amitié de l'empereur, ajoutaient-ils, doit apporter honneur et profit à notre cause, bien loin de tourner à son détriment. Puisqu'il veut profiter du fruit de nos conquêtes, nous enlever nos villes et nos provinces sans avoir pris part à nos travaux, nous rejetons maintenant son alliance avec non moins d'empressement que nous l'avons acceptée jadis? »

Les Latins jugèrent alors que ce qu'ils avaient de mieux à faire pour leur honneur et pour le succès de leurs armes, était de lever le siége et de continuer leur route vers Jérusalem, quoique les assiégés ne se fussent pas encore rendus : non qu'ils craignissent de ne pas emporter la place, mais parce qu'ils songeaient enfin qu'ils combattaient non pour la gloire, mais pour la religion. Plût à Dieu qu'ils eussent été plus tôt animés de ces sentiments !

Les Francs (car c'est par ce nom que les peuples d'Orient désignent tous les occidentaux), les Francs marchaient donc enfin vers Jérusalem. Oh ! s'ils avaient toujours été animés de la même impatience, du même désir de combattre et de vaincre pour la cause du Christ !

THÈME 118.

1° **Conjonctions** qui régissent le **subjonctif.** — Gantr. 157, 158.

2° **Datif** avec les verbes **transitifs** — **intransitifs.** — **Datif** d'avantage. — Gantr. 93, 94, 95.

— César I. — II, 1-25. —

Les princes latins ne doutaient pas de la victoire, quoique leur armée fût bien inférieure en nombre à celle qui deux ans auparavant avait traversé le Bosphore. Des 600,000 guerriers qu'elle comptait alors, 30,000 avaient péri avant que l'armée ne fût parvenue à Antioche. Là ils en avaient perdu 20,000 par le fer, par la famine et par les maladies. Comme des 100,000 qui survivaient beaucoup avaient établi leur demeure à Antioche et que d'autres s'étaient dirigés vers d'autres villes de Syrie, il ne leur restait que 60,000 combattants à peine pour marcher à la conquête de la Palestine. Mais bien qu'ils fussent peu nombreux, ces guerriers, à force de constance et de courage, et par leur ardeur à affronter les périls, étaient devenus plus aguerris que ceux de leurs frères que la mort avait ravis.

Avant que de partir, les chefs envoyèrent des éclaireurs pour reconnaître les chemins. Il y avait en effet trois routes par lesquelles les Latins pouvaient aller d'Archas à Jérusalem : l'une par le mont

Liban, quoiqu'elle fût courte, était trop difficile pour le transport des bagages ; comme d'ailleurs elle était pleine de défilés où cent braves pouvaient arrêter une armée innombrable, il fallait y renoncer. La seconde, par Damas, était beaucoup plus facile, pourvu que l'armée n'eût pas à y souffrir de la trop grande ardeur du soleil : c'était une vaste plaine stérile et presque déserte où l'on ne rencontrait que très-peu de villages. Lorsque les chefs eurent longtemps discuté entre eux, ils se décidèrent à prendre la troisième entre la mer de Phénicie et le mont Liban.

THÈME 119.

1° **Conjonctions** qui régissent le **subjonctif** — Gantr. 157, 158.
2° **Datif** complément d'**adjectifs** et d'**adverbes**. — Gantr. 96.

— César I. — II, 1-25. —

Ce qui surtout engagea les chefs à adopter cette résolution pour le bien de l'armée c'est que, comme ils s'informaient quels peuples habitaient les côteaux qui touchent aux sommets du Liban, ils apprenaient : « que la plupart étaient des Chrétiens originaires de Palestine et semblables par leurs mœurs aux Chrétiens de l'église primitive ; ils s'étaient établis très-anciennement sur cette montagne à cause de la fertilité du sol ; ils étaient les seuls qui, alors que toute cette contrée et même les provinces voisines du Liban étaient assaillies par l'ennemi, avaient constamment repoussé les Sarrasins de leurs villages et de leurs forêts. » Les Latins pouvaient donc espérer que, loin de les regarder comme leurs adversaires, les habitants du Liban se montreraient bienveillants à leur égard et seraient disposés à leur fournir des vivres et toute espèce d'autres secours. En attendant que cette espérance se réalisât, de l'autre côté et voisine de la montagne était la mer de Phénicie, où ils savaient que des flottes venues de Gênes, de Pise et de Flandre, avaient abordé avec toutes les provisions nécessaires à une armée en campagne.

Lorsque tout fut prêt pour le départ, l'armée s'éloigna d'Archas. Comme la fin du mois de mai approchait, les campagnes présentaient le spectacle le plus agréable à l'œil. Partout les Latins s'étonnaient de rencontrer (quoique la saison fut si peu avancée) des moissons déjà mûres, des oliviers, des orangers, des mûriers, chargés de fruits délicieux au goût.

THÈME 120.

1° **Conjonctions** qui régissent le **subjonctif.**— Gantr. 157, 158.
2° **Datif** complément d'**adjectifs** et d'**adverbes.** — Gantr. 96.

— César I. — II, 1-26. —

Quoiqu'il n'y eût rien à craindre de la part des Turcs, quoique les contrées que traversait l'armée fussent habitées par des peuplades amies de la paix, accoutumées à une vie tranquille et laborieuse, cependant les chefs avaient défendu que personne ne s'éloignât de la colonne, comme si l'ennemi avait été proche.

L'ordre de marche n'était plus le même qu'au commencement de la guerre. Les porte-étendard marchaient en tête, puis venaient les guerriers divisés en plusieurs corps entre chacun desquels on avait placé les bagages que gardaient les Normands et les Flamands, enfin le clergé et la foule des pèlerins sans armes fermaient la marche.

Rien ne vint s'opposer au passage des troupes pendant que, rangées comme nous venons de le dire, elles traversaient le territoire de la fameuse Tyr, mère-patrie de Carthage qui fut l'émule de Rome. Lorsque l'armée approchait de quelque forteresse défendue par des Turcs, ceux-ci s'empressaient d'envoyer des subsistances avant qu'on ne leur en demandât. A peine les premières lignes apparaissaient-elles dans le lointain, que des vieillards sortant de la forteresse venaient au devant des Latins pour leur assurer qu'ils n'avaient point l'intention de s'opposer à leur passage, et les conjurer de l'effectuer sans violences ni dégâts. Après les avoir encouragés, leur avoir parlé avec bienveillance, les chefs les renvoyaient en leur promettant que les Latins s'abstiendraient de toute violence et de tout désordre, pourvu que les Turcs restâssent fidèles à leurs conventions.

Comme ils sortaient de la province de Sidon, un gros de cavaliers sarrasins se mirent à suivre et à harceler l'arrière-garde.

THÈME 121.

1° **Conjonctions** qui régissent le **subjonctif.** — Gantr. 157, 158.

2° **Datif** avec les verbes **prosum**, **noceo**, **pareo**, etc. — Gantr. 97.

— César I. — II, 1-26. —

Plusieurs des chefs voulaient que l'armée rebroussât chemin pour faire porter à la ville la peine de cette perfidie. Mais comme le plus grand nombre restaient déterminés à sacrifier leur propre ressentiment à l'utilité commune, ils continuèrent leur route.

Ils parvinrent ainsi à Ptolémaïs. Cette ville était tellement bien fortifiée qu'elle passait et passe encore pour imprenable (1). L'émir égyptien qui y commandait depuis que son maître s'était emparé de Jérusalem, envoya aux Chrétiens des émissaires pour leur offrir des provisions et leur promettre qu'il leur céderait la place lorsqu'ils seraient entrés à Jérusalem.

---

(1) C'est cette même ville, aujourd'hui St Jean d'Acre, que Bonaparte tenta en vain de prendre en 1799.

Mais l'armée était à peine à quelques lieues plus loin, quand une colombe tuée par un oiseau de proie tomba par hasard au milieu du camp. Remarquant cette circonstance, un soldat prit l'oiseau et trouva sous son aile une lettre écrite par le commandant de Ptolémaïs à celui de Césarée. Elle était conçue en ces termes : « Sachez que les Francs, ces maudits ennemis du Prophète, ont traversé mon territoire et sont sur le point d'entrer dans le vôtre. Ils menacent toute la Palestine de ruine et de destruction. Quoique nous n'ayons rien à craindre d'eux, il est bon que cette nouvelle soit portée de ville en ville jusqu'à Jérusalem, afin qu'ils ne tombent pas sur les nôtres à l'improviste. » Avant qu'on n'eût terminé la lecture de cette lettre, des cris de fureur éclatèrent dans les rangs de l'armée. Il fut cependant décidé (bien que Raymond fût d'un avis différent) que les Latins n'en mettraient pas moins à exécution leur résolution de ne s'arrêter nulle part, et qu'ils ne s'appliqueraient qu'à une seule chose : à parvenir le plus promptement possible à Jérusalem.

THÈME 122.

1o **Conjonctions** qui régissent le **subjonctif.**— Gantr. 157, 158.

2o **Datif** avec les verbes **prosum**, **noceo**, **pareo**, etc. — Gantr. 97.

— César I.—II, 1-26. —

Godefroid ne laissa pas échapper l'occasion de recommander aux soldats d'être sur leurs gardes contre toute embûche, puisqu'ils allaient avoir affaire à un ennemi qui userait à leur égard d'astuce et de fourberie, vu qu'il n'osait les attaquer à force ouverte.

Comme ils approchaient de la Palestine, les Latins comprirent quel danger il y aurait à laisser dans le voisinage de cette province, des villes en la possession de l'ennemi ; non qu'ils crussent nécessaire de prévoir pour eux-mêmes une défaite et de pourvoir à leur salut, mais pour empêcher l'ennemi de faire de ces villes des places de refuge. Aussi, après avoir cessé de longer le bord de la mer, ils prirent la ville de Lydda, célèbre par le martyre de St Georges, et y mirent garnison. Comme ils apprirent ensuite que la cité de Ramla était sans défenseurs, ils allèrent s'y établir. Cette ville n'était qu'à dix lieues de Jérusalem.

Cependant tous les Sarrasins de la Palestine se rassemblent dans la capitale. Comme s'ils ont oublié cette haine héréditaire que tous les Turcs nourrissent contre les Égyptiens, ils arrivent de toutes parts pour défendre la ville sainte contre les ennemis du Prophète. Quoiqu'ils détestent l'Égypte et les Égyptiens, ils aiment mieux supporter leur joug que celui des Francs, puisqu'ils ne peuvent reprendre eux-mêmes la suprématie sur la Palestine. Ils ont toujours l'espoir de recouvrer un jour leur ancienne autorité et d'enlever la liberté aux Égyptiens en même temps qu'aux Latins. D'autres réunissent dans la ville leur famille, leurs troupeaux, tous leurs biens, et y cherchent un asile en attendant que la paix soit rétablie.

THÈME 123.

1° **Conjonctions** qui régissent le **subjonctif.** — Gantr. 157, 158.

2° **Datif** avec les verbes composés d'une des prépositions **ad**, **ante**, **con**, **in**, **inter**, etc. — Gantr. 98.

— César I. — II, 1-27. —

Comme ceux-ci sont pour la plupart habitants des campagnes, ils ont ordre d'apporter avec eux tout ce qu'ils peuvent, et de livrer aux flammes, avant de se mettre en route, toutes les moissons sur pied, toutes les maisons, afin que les assiégeants n'aient autour d'eux que la famine et la solitude, pendant que les assiégés seront dans l'abondance.

C'est lorsque les Latins ont quitté Ramla qu'ils reçoivent ces renseignements des Chrétiens indigènes qu'ils trouvent sur les routes, chargés de chaînes et couverts de blessures. Quoique ces malheureux soient à demi morts par suite des mauvais traitements et de la faim, ils n'hésitent pas à se joindre aux Latins pour leur servir de guides. Comme les princes leur demandent combien d'hommes sont sous les armes à Jérusalem, ils apprennent que les Turcs ont fait cause commune avec les Égyptiens et que soixante mille hommes se sont réunis pour défendre la place. On leur annonce aussi que, bien que les fortifications de la ville sainte soient déjà si redoutables, une multitude d'ouvriers sont occupés à y ajouter une nouvelle enceinte qui entourera presque toute la cité.

L'armée latine n'avait plus que trois lieues à faire avant d'arriver devant Jérusalem, quand les Chrétiens de Bethléem vinrent au devant des chefs, et les ayant rencontrés en route, se jetèrent à leurs pieds pour implorer leur assistance et les conjurer avec larmes : « de ne pas souffrir que le lieu même où le Christ avait vu le jour, restât plus longtemps au pouvoir et dans la dépendance des ennemis de la foi. » Les chefs raffermirent leur courage et leur promirent de prendre soin de leurs intérêts.

THÈME 124.

1° **Conjonctions** qui régissent le **subjonctif.** — Gantr. 157, 158.

2° **Datif** avec les verbes composés d'une des prépositions **ad**, **ante**, **con**, **in**, **inter**, etc. — Gantr. 98.

— César I. — II, 1-27. —

Aussitôt, quoique la nuit fût fort avancée et qu'il restât peu de temps jusqu'à ce que le jour parût, quoique la plupart des guerriers fussent harassés de fatigue, Tancrède avec une audace vraiment chrétienne partit à la tête de trois cents cavaliers.

Comme il revenait après avoir planté le drapeau de la croix sur les murs de Bethléem, et qu'il approchait de la cité sainte, (car le gros de l'armée avait continué sa marche sans attendre son retour), le chevalier entendit soudain des cris et le bruit d'un combat. Quand il reconnut ce qui se passait, qu'un corps peu nombreux de Chrétiens était pressé par une troupe beaucoup plus forte d'infidèles ; quand il s'aperçut que déjà les premiers, culbutés et mis en déroute, fuyaient sur tous les points, il fit toute diligence pour leur porter secours.

Du tertre élevé où il se trouvait, il s'élance dans la plaine et arrive au milieu des combattants en poussant d'une voix formidable le cri de guerre des

Chrétiens (1). Son arrivée rend la confiance aux siens et leur donne un nouveau courage, tandis qu'elle jette le désespoir et la terreur dans le cœur des ennemis.

Pendant que les Francs veulent en présence du brave chevalier faire preuve de zèle dans cette extrémité, l'impétuosité des Musulmans se ralentit. Bien qu'ils se croient attaqués par des forces considérables, ils essayent pourtant de résister encore. Mais bientôt ceux des derniers rangs quittent le champ de bataille ; tous enfin rompent leurs rangs et cherchent leur salut dans la fuite.

THÈME 125.

1° Contruction de la conjonction **quod.** — Gantr. 170.

2° **Datif** avec les **verbes passifs** — avec **esse.** — **Double datif.** — Gantr. 99, 100, 101.

— César I. — II, 1-27. —

Tant que dura cette nuit mémorable, personne dans l'armée latine ne put se livrer au sommeil. Jamais nuit ne leur avait paru plus longue, par la raison que jamais leur impatience n'avait été plus vive. Plusieurs s'indignant de rester inactifs voulurent prendre les devants malgré les ordres des chefs et à leur insu ; ils s'avancèrent plus près de la ville

(1) Dieu le veut !!

et revinrent annoncer à leurs frères ce qu'ils avaient vu. Leur retour causa dans l'armée un tel enthousiasme, que ceux-là même qui étaient étendus sur le sol harassés de fatigue se relevaient en s'aidant de leur bouclier, et se faisaient une gloire d'arriver avec les autres devant ce port de salut qui avait nom Jérusalem.

Au point du jour enfin, les chefs donnèrent le signal de la marche ; toutes les troupes franchirent la dernière colline qui les séparait de la ville, et tout-à-coup la cité sainte s'offrit aux regards des soldats de la croix rangés en bataille. Les premiers qui l'aperçoivent s'écrient d'une seule voix : Jérusalem ! Jérusalem ! et ce cri est répété par soixante milles bouches. Tous précipitent leur marche : chacun d'eux a à cœur d'arriver le premier au pied des remparts. Ils s'étonnent de ce que l'ennemi n'accourt pas à leur rencontre ; ils lui font un reproche de ne pas leur offrir l'occasion de le vaincre.

Ajoutons que cette confusion générale produit les effets les plus divers : les cavaliers ont renvoyé leur chevaux et s'avancent pieds nus ; les uns se félicitent de toucher au terme de leurs travaux ; les autres pleurent sur leurs péchés, sur la mort de J.-C. ; ceux-ci remercient le ciel de ce qu'il est venu à leur aide ; ceux-là s'indignent de ce que le tombeau du Sauveur soit encore au pouvoir de ses ennemis. Tous enfin renouvellent le serment de délivrer Jérusalem du joug des Musulmans.

THÈME 126.

1° Construction de la conjonction **quod.** — Gantr. 170.

2° **Datif** avec les **verbes passifs** — avec **esse.** — **Double datif.** — Gantr. 99, 100, 101.

— César I. — II, 1-28. —

A l'époque où les croisés vinrent camper devant Jérusalem, cette ville était bien déchue de son ancienne splendeur. Quoiqu'elle eût mainte fois subi le joug de l'étranger, quoique à maintes reprises des conquérants orientaux tentés par les richesses que renfermait son temple fussent venus l'assiéger et se fussent glorifiés de la réduire en leur puissance, cependant la capitale de la Judée passait encore pour une des plus belles et des plus puissantes villes d'Asie, à l'époque où Titus l'assiégea, l'an 70 après J.-C. Il faut ajouter qu'une triple enceinte de murailles décrivant un triple cercle enfermait toute la ville, que l'une entourait le palais des Rois, que la seconde au milieu même de la cité défendait le Temple contre toute attaque, que la troisième faisait des collines autant de citadelles et les réunissait à la place. Elle était admirablement fortifiée par la nature et par la main de l'homme : à cause de la largeur de ses ravins, de la rapidité de ses torrents et de la hauteur de ses tours, elle n'offrait nulle part d'accès aux assaillants. Il faut donc s'étonner de ce que le césar parvint à s'emparer successivement des quatre collines de la ville. Ajoutons qu'il détruisit de fond en comble la superbe cité et qu'il en chassa les habitants.

C'est ainsi que par la volonté divine, cette ville qui avait livré le fils de Dieu au plus cruel supplice ne tarda pas à porter la peine de son crime. En cette circonstance, Titus n'agit pas seulement dans l'intérêt de son ambition et de la gloire de Rome, mais il fut en même temps, sans le savoir, l'instrument des vengeances du Très-Haut.

THÈME 127.

1° Construction de la conjonction **quod.** — Gantr. 170.

2° **Génitif** complément d'un **substantif.** — Gantr. 102.

— César I. — II, 1-28. —

Après cette victoire où la nation juive fut presque entièrement exterminée, et sa mémoire livrée à l'oubli, l'empereur Adrien se fit une gloire d'effacer jusqu'au dernier vestige et jusqu'au nom de Jérusalem. Il fit élever une nouvelle ville qu'il nomma Ælia Capitolina. Il interdit aux Juifs et aux descendants des Juifs l'entrée de cette cité romaine, et jura de livrer aux plus cruels supplices ceux qui tenteraient de s'y introduire.

Mais c'est en vain qu'il se félicita d'avoir ainsi achevé l'œuvre commencée par Titus ; c'est en vain qu'il se glorifia d'élever des autels aux divinités du paganisme, au lieu même où avait été le temple de Salomon. Le premier et l'un des plus illustres empereurs chrétiens, Constantin-le-Grand, s'indigna de ce qu'une cité où avait vécu J.-C., fût livrée au mépris du monde. Il voulut qu'elle reprît son nom de Jérusalem pour rappeler aux Chrétiens les grands événements qui s'y étaient accomplis. Il mit sa gloire à bâtir un temple magnifique qui enfermât le tombeau du Sauveur et quelques-uns des principaux lieux de la passion, s'attristant de ce que ces gages de la rédemption eussent été si longtemps négligés. Constantin eut le bonheur de consacrer solennellement ce temple, l'an de J.-C. 336, la 30e année de son règne.

A ces renseignements précis, nous devons joindre que, vers le milieu du septième siècle, après qu'elle eut de nouveau subi la domination des Perses, la cité chrétienne revint au pouvoir des Grecs; et que ceux-ci dans la suite furent forcés de la céder aux sectateurs de Mahomet, lorsque ces peuples étendirent leurs conquêtes sur la Palestine et la Syrie.

THÈME 128.

1° Construction de la conjonction **quod** — Gantr. 170.
2° **Génitif** complément d'un **substantif** — Gantr. 102.

— César I. — II, 1 - 28. —

A l'époque des guerres saintes, Jérusalem pouvait moins aisément résister, par la raison qu'elle avait perdu une de ses quatre collines et qu'elle n'était plus enfermée que dans une seule enceinte de remparts. Mais ses défenseurs se félicitaient encore de voir que la muraille qui restait était d'une hauteur très-grande et que, à cause de la profondeur des vallées qui s'étendaient au couchant et à l'est de la place, il était impossible qu'on pût essayer de la prendre de ces deux côtés.

Étonnés de trouver une position si formidable, les Latins se dirigèrent du côté du nord, et établirent leur camp dans une situation naturellement avantageuse. C'était une colline dont le sommet présentait assez d'étendue pour qu'on pût y ranger une armée en bataille ; du côté de la ville elle descendait en pente douce jusqu'au pied des murailles. Ajoutons que le camp atteignait à gauche la grotte de Jérémie, et s'étendait à droite jusqu'aux tombeaux d'Hérode et des Rois. Les chefs qui commandaient le camp étaient Godefroid, les comtes de Flandre et de

Normandie et Tancrède. Quant à Raymond, il avait jugé préférable de s'établir au sud de la place sur la montagne de Sion.

Cependant, bien que l'ardeur des soldats se fût ralentie, la vue de ces lieux qui leur rappelaient tant de pieux souvenirs, n'avait fait que les rendre plus braves et plus impatients d'affronter les périls. Aussi se plaignaient-ils sans cesse de ce qu'on ne les conduisait pas à l'ennemi. Quelques-uns même accusaient les chefs de différer l'engagement de jour en jour, pour laisser aux assiégés le temps de se remettre de leur terreur.

THÈME 129.

1° Construction de la conjonction **quod** — Gautr. 179.

2° **Génitif**, **ablatif** de qualité. — Gautr. 103, 123.

— César I. — II, 1-29. —

Les princes, hommes de courage et d'expérience, s'attristaient de ne pouvoir contenir l'ardeur des troupes. Il leur semblait que le moment n'était pas venu de commencer le siége, d'autant plus qu'aucun des instruments de guerre nécessaires à un assaut, n'était encore prêt. Cependant tel était l'enthousiasme des guerriers, que les princes ne purent s'empêcher de leur accorder ce qu'ils demandaient. Ils leur donnèrent pour chef Tancrède, ce chevalier d'une vaillance reconnue qui avait déjà rendu tant et de si grands services à la cause chrétienne.

On court aux armes ; Tancrède fait sortir les troupes du camp, les range sur deux lignes et s'avance vers la ville. Les soldats de la première ligne s'approchent de la muraille et se mettent à la battre, les uns à coups de marteaux, les autres à coups de barres de fer, ceux-ci avec de grosses pierres, ceux-là avec le premier objet que le hasard leur offre.

Pendant ce temps les hommes de cœur qui composent la seconde ligne, s'indignent de n'avoir rien à faire. D'avance ils se sont fait gloire de protéger les assaillants en lançant des flèches ou des dards contre les assiégés ; mais ils s'étonnent que personne ne paraisse et que la muraille reste dégarnie de défenseurs.

En effet, à la nouvelle de cette agression inattendue, un si grand effroi s'est répandu dans toute la ville, qu'il trouble les cœurs les plus vaillants. Au lieu de courir aux remparts, de repousser la force par la force, les assiégés poussent des cris de désespoir, ils se plaignent de ce que Mahomet les abandonne dans ces circonstances critiques, ils l'accusent de s'entendre avec leurs ennemis.

THÈME 130.

1° Construction de la conjonction **quod.** — Gantr. 170.
2° **Génitif, ablatif** de qualité. — Gantr. 103, 123.

— César I. — II, 1 - 29. —

Profitant du moment, les hommes d'une rare audace qui ont déjà abattu les premiers ouvrages, veulent également saper ce mur intérieur d'une solidité extrême qui a déjà tant de fois arrêté des armées victorieuses. Mais ils sont bientôt forcés de renoncer à cette tentative inutile. On apporte une échelle, la seule qui soit d'une assez grande hauteur pour atteindre le faîte de la muraille. A peine est-elle dressée, que Tancrède s'élance, et s'étonne qu'on l'empêche d'y monter le premier. Tandis qu'on le retient et qu'on lui arrache même son épée, un jeune guerrier de seize ans à peine, presque un enfant, s'élance sur l'échelle en invitant du geste et de la voix ses compagnons à le suivre.

Cependant les assiégés se sont aperçus de la faiblesse des moyens de leurs adversaires, et avec la confiance, le courage leur est revenu. Ils s'indignent d'avoir eu peur, ils se repentent d'avoir hésité, ils veulent effacer la honte de leur fuite par des actes de courage. Ils se hâtent d'accourir aux remparts, et n'ayant plus que cet espoir de salut, ils réunissent leur forces et renversent avec un grand fracas l'échelle toute couverte de valeureux champions de la croix.

Ajoutons qu'ils jettent sur les assaillants des pierres, de la poix enflammée, de l'huile bouillante, et qu'ils les forcent ainsi à battre en retraite.

Tandis que les croisés retournaient tristement au camp, pour enterrer leurs morts et soigner leurs blessés, les assiégés glorieux d'avoir fait reculer une telle multitude d'ennemis, les poursuivirent du haut de leurs remparts, de leurs injures et de leurs provocations.

THÈME 131.

1° **Participe** sujet ou complément. — Gantr 172, 173, 175.
2° **Génitif** après les mots **partitifs**. — Gantr. 101.

— César I. — II, 1-29. —

L'insuccès de cette tentative, la mort même de quelques-uns des leurs ne jetèrent pas les Latins dans le désespoir. De retour au camp ils s'appliquèrent à rechercher quelle résolution il y avait à prendre, pour que pareil malheur ne leur arrivât plus. Instruits par les siéges antérieurs, ils comprirent qu'il fallait avant tout construire des machines de guerre, et ils songèrent à se procurer la plus grande quantité possible de matériaux. Cela n'était pas aisé dans un pays qu'un ennemi prévoyant avait saccagé de telle sorte qu'il ne restait rien que la terre nue à plus de cinq lieues à la ronde.

Des cavaliers, envoyés à la découverte, vinrent rapporter qu'ils avaient trouvé quelques maisons et quelques églises encore debout, éparses dans les campagnes. Quelques-uns d'entre eux, partis dans une autre direction, annoncèrent à leur retour qu'au fond d'une avenue située à peu de distance se trouvaient un certain nombre de grosses poutres et de troncs d'arbre non équarris.

Ces matériaux trouvés, des chevaux les transportèrent dans le camp, et tous les soldats remplissant l'office d'ouvriers se mirent à construire des tours et des mantelets. Occupés de ce travail ils voyaient souvent quelques-uns de leurs officiers s'approcher d'eux, les encourager, leur adresser des paroles bienveillantes; et ils travaillaient avec une ardeur extrême sous les yeux de ces chefs dont ils révéraient le courage et les vertus.

Éprouvée déjà par toute sorte de maux, par la mort, par les maladies, par les désastres, deux fois tourmentée à Antioche par l'horrible famine, cette armée avait encore à endurer des souffrances qui devaient singulièrement retarder l'exécution de ses projets.

THÈME 132.

1° **Participe** sujet ou complément. — Gautr. 172, 173, 175.
2° **Génitif** après les mots **partitifs**. — Gautr. 104.

— César I. — II, 1 - 30. —

Les Chrétiens entrés en Palestine au milieu de l'été commencèrent bientôt à être tourmentés par la disette d'eau. En effet, taris par un soleil ardent, les torrents de Cédron et de Siloé avaient cessé de couler, et les fontaines dont une partie étaient comblées, et dont l'autre avait été empoisonnée par les Musulmans, ne pouvaient plus fournir aux Latins de quoi étancher leur soif. Épuisés, à demi morts de souffrance, les soldats abandonnèrent les ouvrages commencés, n'ayant plus qu'une seule pensée, celle de chercher un peu d'eau pour rafraîchir leur gorge brûlante. On eût pu voir les chefs comme les simples soldats, oubliant le danger, errer nuit et jour dans les montagnes, dans les vallées, et quand ils avaient découvert une source ou une fontaine abandonnée, y accourir en foule et souvent, poussés par une sorte de démence, s'y disputer les armes à la main quelques gouttes d'une eau fangeuse et corrompue. Atteints par le fléau, la plupart des chevaux succombèrent. Les chameaux furent les seuls entre toutes les bêtes de somme qui résistèrent, habitués qu'ils sont à supporter toutes les privations, au milieu des plus grandes fatigues.

Un deuil général régnait dans le camp. Les Latins en étaient venus à un tel degré de misère que l'on eût pu entendre les officiers les plus expérimentés, les chevaliers les plus braves, retirés dans leur tente, se lamenter sur leur sort et invoquer le trépas comme le seul remède à leur maux.

THÈME 133.

1° **Participe** sujet ou complément. — Gantr. 172, 173, 175.
2° **Génitif** complément d'**adjectifs**. — Gantr. 105, 106.

— César I. — II, 1-30. —

Au milieu de ces souffrances, qui augmentaient de jour en jour, on reçut la nouvelle qu'une flotte partie de Gênes remplie de toute espèce de provisions, naviguait dans ces parages et allait aborder au port de Joppé. Il parut important aux princes d'y envoyer sur-le-champ un corps de troupes pour prendre et rapporter ces subsistances, car l'armée souffrait aussi du manque de nourriture. Mais ils avaient pour cela tout à faire en même temps. Chercher parmi les animaux que la mort avait épargnés un nombre suffisant de chevaux encore vigoureux et capables de supporter la fatigue, relever le courage des soldats; les engager à faire un dernier effort, non-seulement pour sauver leurs compagnons mais pour se sauver eux-mêmes; rappeler ceux qui erraient dans les campagnes et tâcher de les convaincre que s'ils le voulaient, l'heure des souffrances était passée.

On réussit pourtant, plus vite que l'abattement des troupes ne pouvait le faire prévoir, à réunir un corps de trois cents hommes chez qui l'heureuse nouvelle avait produit un tel changement, qu'ils se montraient de nouveaux avides de gloire et impatients de combats. Partis du camp au commencement de la nuit, ils arrivèrent sains et saufs à leur destination, et vers le lever du soleil l'armée les vit rentrer dans le camp, poussant des cris de joie et ramenant avec eux sur des chariots traînés par des chameaux, des vivres en abondance et (ce dont les soldats se montraient le plus avides) une grande quantité d'outres remplies d'eau douce.

THÈME 134.

1° **Participe** sujet ou complément. — Gantr. 172, 173, 175.
2° **Génitif** complément d'**adjectifs**. — Gantr. 105, 106.

— César I. — II, 1-30. —

A peine remis de leurs souffrances, les Chrétiens recommencèrent leurs travaux avec un nouveau zèle. Jamais ils ne s'étaient montrés plus durs à la fatigue, moins amis du repos. Les officiers, bien qu'inexpérimentés pour la plupart dans ce genre de travail, voulurent en prendre leur part et travaillèrent avec les simples soldats pour faire disparaître par leur exemple ce que cette occupation avait de pénible. Tous enfin montrèrent une telle ardeur, que en fort peu de temps tout fut prêt pour faire le siége de la place.

Quand ils virent approcher le jour dont ils étaient convenus entre eux, sur le point de livrer un assaut général, les princes, qui connaissaient l'esprit et les dispositions de leurs guerriers, décidèrent que l'armée s'y préparerait par la prière et le jeûne. Après avoir jeûné pendant trois jours, les pèlerins, laissant au camp une force suffisante qui devait le défendre contre toute attaque de l'ennemi, s'avancèrent sans armes, les pieds nus, pour faire à pas lents le tour de Jérusalem, en chantant des psaumes et en adressant au ciel de ferventes prières.

Les prêtres marchaient les premiers vêtus de blanc, derrière eux s'avançaient les chefs précédés des étendards et des clairons; après les chefs, on avait placé toutes les lignes des guerriers; les femmes et les enfants fermaient la marche. Quand ils se furent arrêtés sur le mont Calvaire, l'ermite Pierre qui s'était prosterné avec toute la foule des guerriers, se leva plein d'enthousiasme pour les exhorter et leur adresser quelques paroles d'encouragement.

THÈME 135.

1° **Participe** sujet ou complément. — Gantr. 172, 173, 175.
2° Verbes **se souvenir**, **oublier**, etc. —Gantr. 107.

— César I. — II, 1 - 31. —

Au commencement de son discours, Pierre rappela aux Latins en quels lieux ils se trouvaient, quels événements s'y étaient accomplis, comment J.-C. y avait enseigné aux hommes la foi nouvelle et y était mort pour eux.

« Et pourtant, continua-t-il, ces lieux où le Christ a souffert sont au pouvoir de ses ennemis. Des hommes qui ne connaissent pas sa loi, qui méprisent ses préceptes, ont traversé les déserts pour se fixer dans une ville qui appartient aux Chrétiens. Voyez-les du haut de leurs remparts insulter aux images du vrai Dieu, entendez-les blasphémer son saint nom et poursuivre de leurs menaces les défenseurs de la foi. Il faut que le règne de l'impiété finisse ; trop longtemps ces murailles ont servi d'asile à l'opprobre du genre humain.

» Sur le point de les attaquer, de leur rappeler leurs défaites de Nicée, de Dorylée, d'Antioche qu'ils semblent avoir oubliées ; au moment de leur faire voir que vous n'avez point dégénéré de la valeur de vos pères et de vos anciens compagnons d'armes, vous vous souviendrez d'une grande vérité, c'est que vous ne pouvez vaincre sans l'assistance divine. C'est Dieu seul qui peut rendre aisées les choses les plus difficiles; avant donc de marcher à l'ennemi, nous lui demanderons qu'il use de bienveillance envers de faibles créatures qui le supplient. Ce Dieu qui, vous vous en souvenez, fit tomber au son des trompettes les murailles de Jéricho devant les armes des enfants d'Israël; ce même Dieu, se rappelant vos prières, remettra entre vos mains ce saint tombeau et les reliques sacrées qu'un prince pieux (1) a rassemblées dans cette cité. »

THÈME 136.

1° **Participe** sujet ou complément. — Gantr. 172, 173, 175
2° Verbes **se souvenir, oublier**, etc. — Gantr. 107.

— César I. — II, 1-31. —

A peine au coucher du soleil, les Chrétiens, terminant leur pèlerinage, furent-ils rentrés dans le camp pour prendre quelque repos, que les princes eurent soin de faire publier que dans trois jours se donnerait l'assaut général. Aussitôt une joie immense se répandit dans le camp. Informés de cette heureuse nouvelle, tous les guerriers, oubliant leurs

(1) Constantin-le-Grand. Voir Thème 127.

fatigues de la journée, déclarèrent qu'ils étaient prêts à passer la nuit à travailler, si l'on avait besoin de leur secours.

Il avait été décidé dans l'assemblée des princes, que Godefroid tansporterait ses tentes devant la partie de la ville qui regardait le levant, parce qu'il y avait là, au milieu de rochers inaccessibles, une avenue en pente douce, assez étendue pour que les tours et les autres machines pussent être poussées jusqu'au pied du rempart. Grâce à l'activité admirable des soldats, qui se souvenaient encore des exhortations de Pierre l'ermite, les tentes, les bagages, les matériaux des tours furent transportés dans ce nouvel emplacement en une seule nuit et en une des plus courtes de l'année, puisque (il faut ici le rappeler) on était au milieu de juillet. Tancrède vit donc alors placer le camp de Godefroid à la droite du sien; lui-même demeura en face de la tour qui de lui fut appelée dans la suite la tour de Tancrède.

Pendant que la certitude de s'emparer de la place animait les Latins, l'espoir de se défendre et de repousser leurs adversaires n'avait point abandonné les assiégés. Depuis le commencement du siége, les Latins ne les avaient vus que bien rarement apparaître sur leurs remparts, une seule fois ils les avaient entendus leur adresser des menaces et des provocations. Ils se préparaient à la résistance sans bruit et sans tumulte.

THÈME 137.

1° **Participe** sujet ou complément. — Gantr. 172, 173, 175.
2° Verbes **se souvenir, oublier,** etc. — Gantr. 107.

— César I. — II, 1-31. —

Le 14 juillet 1099 à la pointe du jour, toute l'armée, éveillée par le son du clairon, courut aux armes. Les princes se revêtirent à la hâte de leurs insignes et sortirent de leurs tentes pour haranguer les guerriers rangés en bataille devant le camp. Après les avoir exhortés en peu de mots à se ressouvenir de leur ancienne valeur, de leurs précédentes victoires, ils donnent le signal de marcher en avant, et de trois côtés à la fois, au nord, à l'orient, au midi, les bataillons s'avancent avec de grands cris.

Tandis que les uns poussent devant eux les tours du haut desquelles les assiégeants doivent s'élancer sur la muraille, et les galeries sous lesquelles ils doivent saper les remparts, les autres à l'aide de machines lancent une multitude de pierres pour écarter les défenseurs des murailles; la troisième ligne attend, les armes à la main, pour percer de traits et de flèches les Musulmans que les pierres n'auront pu abattre.

Pendant ce temps les remparts se couvraient d'une

foule de combattants disposés à une résistance opiniâtre. En voyant les Latins construire leurs machines de guerre, ils avaient compris, instruits comme ils l'étaient par des guerres antérieures, que leurs adversaires transporteraient aisément jusqu'au pied de leurs murs ces tours et ces mantelets dressés à une si grande distance. Ils s'étaient donc mis à disposer tout ce qui leur était nécessaire pour repousser ces moyens d'attaque. Quatorze machines déjà placées allaient lancer contre les ouvrages des assaillants, pour les briser ou les incendier, des pierres énormes, des poutres, qu'on voyait amassées sur les murailles, des torches enflammées, des vases de fer ou d'argile remplis d'une matière liquide bouillante qui communiquait une flamme que l'eau ne pouvait éteindre.

THÈME 138.

1° **Participe** sujet ou complément. — Gautr. 72, 173, 175.
2° Verbes **pœnitet, pudet**, etc. — Gautr. 87, 108.

— César I. — II, 1-32. —

Ce feu terrible d'une nature particulière (1) composé en grande partie du bitume que l'on trouve sur les bords de la mer noire ou de la mer morte, les Turcs en tenaient le secret des Grecs de Constanti-

(1) Le feu grégeois.

nople, qui l'avaient inventé et s'en servaient depuis longtemps sur mer.

On combattit avec acharnement de part et d'autre. Lorsque la nuit mit fin à la lutte, les tours de Tancrède et de Godefroid à demi consumées, ne pouvaient plus se mouvoir ; celle de Raymond était hors d'usage, et les Latins avaient à regretter toutes les heures passées à la construction de leurs machines.

Quoiqu'on se fût battu depuis le lever du soleil jusqu'au soir, la victoire demeurait incertaine. Les officiers ramenèrent dans le camp leurs soldats accablés de fatigue et de douleur, et désespérant du succès de leurs efforts.

Les princes, qui avaient pitié de la lassitude des guerriers, leur avaient ordonné d'aller prendre quelque repos, en laissant, pour réparer les machines, le nombre d'ouvriers qui leur avait paru nécessaire. Ils redoutaient cependant d'avoir à se repentir de cette résolution. Il était à craindre en effet, que les assiégés sortant de leurs murs pendant la nuit, ne vinssent mettre les ouvriers à mort et détruire les ouvrages. Il n'en fut rien. Par un effet de la protection de Dieu, qui avait pitié des misères de cette armée fidèle, les ennemis ne se fiant pas à leurs forces, ne se croyant pas en sûreté derrière une muraille où le bélier avait fait de larges brèches, se tinrent tant que la nuit dura cachés dans la ville, en proie aux plus vives inquiétudes.

THÈME 139.

1° Emploi de l'**ablatif absolu**. — Gantr. 174.

2° Verbes **pœnitet**, **pudet**, etc. — Gantr. 87, 108.

— César I.— II, 1-32. —

Toute la nuit, les évêques et les prêtres de l'armée latine ne cessèrent de courir de tente en tente, pour encourager les soldats partout où le hasard les leur offrait. Ils engageaient les uns à se repentir des péchés pour lesquels ils avaient irrité le ciel; à d'autres ils promettaient qu'un secours inattendu leur serait envoyé, que tous les héros morts devant Antioche sortiraient de leur tombeau sous la conduite de l'évêque Adhémar, et les aideraient à vaincre les ennemis de la foi.

Ces harangues produisant dans tous les esprits un changement extraordinaire, les soldats chrétiens commencèrent à regretter leur découragement de la veille, à rougir de leur hésitation. Pleins d'impatience, ils s'ennuyaient de la longueur de la nuit, et quand le jour parut, une nouvelle confiance, une nouvelle ardeur s'était emparée de tous les cœurs.

Après avoir pris les armes, au signal donné, ils s'élancèrent en avant, précipitant tellement leur course, qu'on les voyait pour ainsi dire tout à la fois devant le front du camp, sur le penchant de la colline et au pied des murailles. Aussitôt le combat recommença de nouveau, les béliers battirent le rempart, les tours furent mises en mouvement et s'approchèrent de la ville, tandis qu'un corps de réserve composé des meilleurs archers protégeait les assaillants et répandait la mort parmi les défenseurs de la place.

Au nombre des tours qui, malgré les feux des assiégés, s'avançaient vers la place chargées de généreux champions de la croix, il en était une plus grande, plus haute que les autres. Elle avait trois étages et portait un pont mobile à sa partie supérieure.

THÈME 140.

1° Emploi de l'**ablatif absolu.** Gantr. 171.
2° **Génitif** de la **valeur** ou du **prix.** — Gantr. 109.

— César I. — II, 1-32. —

Les Musulmans ayant remarqué la croix d'or qui brillait au sommet de cette tour réunissaient contre elle tous leurs efforts, et du haut de leurs murs lançaient constamment sur elle des torches et des pots à feu, en poussant des cris et des blasphèmes. C'est cette tour que commandait Godefroid. Déjà quatre de ses compagnons d'armes étant tués, son porte-étendard étant tombé à ses pieds couvert de blessures, il lui avait arraché son drapeau, et le tenant de la main gauche il combattait de la droite au milieu des morts et des mourants, faisant aussi peu de cas de la vie que le dernier de ses soldats. En même temps appelant par leur nom les braves qui l'entouraient encore, il ne cessait de les encourager à redoubler de vaillance.

Pendant ce temps, au midi de la ville, le comte de Toulouse luttait avec avantage contre le commandant en chef des forces de Jérusalem. Le général égyptien, entouré de l'élite des assiégés et les animant par son exemple et par ses discours, montrait un courage digne d'une meilleure cause. Vers le nord, les Latins ayant à leur tête Tancrède et ces deux Robert dont le courage était si estimé, avaient déjà abattu à coups de bélier une partie des murailles, et ouvert des tranchées où les Sarrasins redoublant de valeur et serrant leurs rangs, leur opposaient encore une barrière insurmontable. C'est là que deux émissaires égyptiens ayant été surpris par les Chrétiens au moment où ils cherchaient à entrer dans la ville, l'un d'eux tomba percé de coups, l'autre, après avoir dévoilé le secret de sa mission, fut lancé au moyen d'une machine par dessus le rempart. Ils étaient venus d'Ascalon pour exhorter les assiégés à se défendre.

THÈME 141.

1° Emploi de l'**ablatif absolu.** — Gantr. 171.
2° **Génitif** de la **valeur** ou du **prix.** — Gautr. 109.

— César I. — II, 1-33. —

Si les Latins attachaient le plus grand prix à conserver leurs tours intactes, les assiégés mettaient plus d'importance encore à les détruire. Dès le matin ils avaient mis tout en œuvre pour incendier les machines de guerre des assiégeants. Plus tard ayant reçu la nouvelle certaine qu'une armée égyptienne était envoyée au secours de la place, ils avaient repris avec une nouvelle ardeur leur tâche de la veille au succès de laquelle ils attachaient tant de prix. Vers le milieu du jour, les Latins combattaient au sein d'un vaste incendie.

C'est alors que les Turcs s'aperçurent dans quel danger se trouvaient leurs adversaires. Ils virent que toutes les machines étant en feu et l'eau manquant pour éteindre l'incendie, ceux dont le courage était le plus estimé dans l'armée s'étaient en vain exposés aux plus grands périls pour prévenir la ruine des tours; ils remarquèrent que la plupart de leurs adversaires ou morts ou criblés de blessures, d'autres couverts de sueur et de poussière, accablés sous le poids de leurs armes et perdant courage, tous les autres commençaient à reculer ou cherchaient à éviter les pierres et les torches des assiégés. A cet aspect ils se mirent à pousser des cris de joie, à insulter les Chrétiens, à les accuser de lâcheté, à leur reprocher dans leurs blasphèmes d'adorer un Dieu qui ne pouvait les défendre. Les Latins ne répondaient rien ; tristes, la tête basse, ils regardaient la terre et semblaient n'avoir plus à attendre que la mort.

THÈME 142.

1° Emploi de l'**ablatif absolu**. — Gantr. 174.

2° **Génitif** avec les verbes **esse** et **fieri**. — Gantr. 111.

— César I. — II, 1-33. —

Tout à coup sur le sommet du mont des Oliviers apparaît un cavalier d'une taille gigantesque, revêtu d'une armure brillante et monté sur un cheval d'une blancheur éclatante. Les soldats l'aperçoivent tous ; ils remarquent que de la main gauche il agite un bouclier, et que de la droite il leur montre la ville comme pour les engager à y entrer. Godefroid l'apercevant du haut de sa tour, croit de son devoir de profiter de cette apparition, et s'écrie d'une voix formidable : « C'est St Georges, que Dieu envoie à nôtre secours. Chrétiens, ce messager céleste nous annonce la victoire. C'est à nous de reprendre courage, c'est aux soldats de J.-C. de faire un dernier effort, et nous sommes maîtres de la ville ! »

Ces cris répétés par toutes les bouches, une nouvelle ardeur s'emparant de tous les cœurs, toute l'armée s'avance de nouveau. Ceux que la fatigue, la chaleur, les blessures même ont terrassés, se relèvent. A la vue de ce prodige, les vieillards, les femmes, les enfants accourent, apportent de l'eau pour éteindre l'incendie.

En un instant les assiégés remarquent que les tours mises de nouveau en mouvement et roulant vers la place, celle qui s'avance la première est la tour qui porte Godefroid entouré de l'élite des assiégeants. C'est au duc de Lorraine qu'il appartiendra de décider du sort de la journée. Les Musulmans attaquant cette tour avec fureur, réunissent contre elle tous leurs efforts. A ce moment suprême, Godefroid fait lancer contre les ennemis des dards enflammés, ils vont allumer des amas de paille et de foin qui couvrent toute la partie supérieure du rempart.

THÈME 143.

1° Emploi de l'**ablatif absolu.** — Gautr. 174.

2° **Génitif** avec les verbes **interest** et **refert** — Gautr. 112.

— César I. — II, 1-33. —

En même temps, soit par un heureux hasard, soit plutôt par la volonté de la divine puissance à qui il importe que son peuple obtienne la victoire, un vent violent qui souffle de l'est, allume l'incendie et enveloppe les Musulmans de nuages de fumée et de torrents de flammes.

C'est à ce moment que la grande tour atteignant enfin la muraille et le pont-levis s'abaissant, Godefroid de Bouillon et les deux vaillants tournaisiens Lethalde et Engelbert, s'élancent sur le rempart. Trente braves les suivent, l'ennemi effrayé recule, les Chrétiens les culbutent, en tuent quelques-uns, et poursuivant les autres, se précipitent dans les rues de Jérusalem.

Il importe à l'intelligence du récit que, laissant pour un moment Godefroid et ses compagnons d'armes, nous parlions des événements qui se passaient au nord et au midi de la place. Au nord où commandait Tancrède, le bruit s'étant répandu qu'une troupe de soldats chrétiens a déjà fait irruption dans la ville, les soldats croient à un événement miraculeux et s'écrient que le saint évêque Adhémar, accompagné des braves morts au siége d'Antioche, vient se mettre à la tête des assiégeants et leur montre le chemin. Il leur importe de le suivre, il y va de leur honneur à tous de ne pas être devancés par les soldats de Godefroid. Un grand nombre montent sur des tas de pierres en s'aidant les uns les autres, fondent sur l'endroit des retranchements où l'accès leur paraît le moins difficile, pénètrent dans une brèche, refoulent les ennemis dans la place, en tuent une partie, mettent le reste en fuite, et les poursuivent l'épée dans les reins.

THÈME 144.

1° Emploi de l'**ablatif absolu.** — Gantr. 174.

2° **Génitif** avec les verbes **interest** et **refert.** — Gantr. 112.

— César I. — II, 1-33. —

Cependant les ennemis ont fait volte face, et revenant à la charge ils se battent avec acharnement, comme il importe de le faire à des hommes qui n'attendent plus leur salut que de leur courage. Qu'importe aux défenseurs de la croix ? Ils serrent de nouveau leurs rangs, fondent sur les ennemis avec une nouvelle impétuosité, ceux-ci reculent enfin, et mettent tout leur espoir de salut dans une fuite précipitée. Les vainqueurs ne trouvant plus d'obstacles, courent à la porte la plus voisine que personne ne défendait plus, la brisent à coups de hache, et introduisent leurs compagnons d'armes, tandis que ceux qui restaient sur les tours franchissent d'un saut la distance qui les séparait encore du sommet du rempart.

Au midi de la ville, les affaires étaient dans un plus mauvais état. Les tours étant presque entièrement consumées, les mantelets brisés, les soldats et le général lui-même perdaient courage. Tout-à-coup entendant dans la place les cris de joie des Latins, les gémissements des Turcs, comprenant à tout ce tumulte que ses frères sont victorieux, Raymond de Toulouse sentant son ardeur se ranimer court de rang en rang, exhorte ses soldats partout où il les rencontre, ordonne d'abandonner les machines et de dresser les échelles. Donnant le signal par son exemple, il s'élance le premier sur une échelle, tous le suivent de près. Les Latins fondent de tous côtés à la fois sur le rempart, avec une ardeur telle que rien ne peut leur résister. Les ennemis sont repoussés, ils prennent la fuite, et ayant à leur tête le commandant en chef de Jérusalem, ils ne s'arrêtent que lorsqu'ils sont arrivés dans la forteresse de David où ils s'enferment.

THÈME 145.

1° Emploi du **gérondif** et des **supins**. — Gantr. 177 à 182.
2° Verbes **accuser**, **condamner**, etc. — Gantr. 110.

— César I. — II, 1-34. —

C'est un vendredi à trois heures de l'après-midi, au jour et à l'heure où le Christ expira pour racheter le monde, que les Chrétiens firent leur entrée à Jérusalem. Ce juge impartial qui assigne à son tribunal les rois et les peuples pour répondre de leurs bonnes ou de leurs mauvaises actions, qui absout ou condamne les uns de l'accusation d'orgueil ou d'ambition, qui déclare les autres coupables ou innocents de désobéissance, l'histoire a convaincu les vainqueurs de Jérusalem de cruautés excessives et inutiles, elle les a condamnés au blâme sévère de la postérité.

Tous les habitants de Jérusalem étaient au pouvoir des Latins, à l'exception de ceux qui en assez grand nombre s'étaient ralliés en fuyant pour chercher un asile dans la forteresse de David avec l'espérance de la défendre contre les attaques de l'ennemi. D'autres s'étaient réunis pour aller s'enfermer dans les mosquées. La plupart erraient à l'aventure fous de terreur et de désespoir, et cherchaient, mais vainement, le moyen d'éviter le fer meurtrier du vainqueur.

Avides de se venger sur les vaincus en répandant leur sang, les Latins parcouraient les rues de Jérusalem la lance ou l'épée à la main. A peine avaient-ils eu le temps d'achever un ennemi, qu'ils couraient à un autre pour lui faire subir le même sort. Ils pénétrèrent ensuite dans les maisons des Musulmans. En vain les vieillards vinrent-ils à eux pour implorer leur pitié, en tendant les mains, en faisant entendre qu'ils se rendaient, qu'ils n'avaient point porté les armes contre les Latins, en vain les femmes et les enfants accoururent se jeter en pleurant à leurs pieds et demander la vie; chose horrible, ils n'épargnèrent ni les femmes, ni les enfants, ni les vieillards.

THÈME 146.

1° Emploi du **gérondif** et des **supins**. — Gantr. 177 à 182.

2° Verbes **accuser, condamner**, etc. — Gantr. 110.

— César I. — II, 1-34. —

Les vainqueurs excités par le carnage, ne connaissaient plus d'obstacle, et il n'y avait plus nulle part de sûreté pour les vaincus; tous étaient condamnés à la mort. Un grand nombre de Musulmans voyant que tout espoir de se défendre était perdu, avaient cru que ce qu'ils avaient de mieux à faire était de courir chercher un refuge dans leurs mosquées. Ils espéraient que les Francs, quels que fussent leur fureur et leur désir de se venger, craindraient d'être accusés d'impiété en allant les arracher à ces asiles. Cette espérance fut déçue : les Latins brisèrent les portes des temples et y firent irruption les uns à pied, les autres à cheval. Le carnage qui eut lieu est horrible à raconter. Tous ceux qui s'y trouvaient, armés ou sans armes, hommes ou femmes, furent massacrés jusqu'au dernier. Les vainqueurs montrèrent dans cette occasion une telle fureur pour répandre le sang, que, quand les premiers rangs de victimes étaient abattus, ils montaient sur ces cadavres amoncelés, et de là, comme d'une éminence, ils mettaient d'autres malheureux à mort.

Ces massacres (est-il besoin de le dire ?) avaient eu lieu sans l'aveu et même à l'insu de la plupart des chefs de l'armée victorieuse. Il nous est doux de le proclamer, ce ne sont pas ces princes vaillants et vertueux qu'il faut accuser de ces cruautés et condamner pour ces crimes. Le plus pieux et le plus brave d'entre tous, un prince que personne n'a jamais pu accuser ni d'une action contraire à la vertu ni d'un acte de cruauté, Godefroid, à peine entré dans la ville sainte, s'était hâté de se dépouiller de ses armes et de ses insignes pour se diriger presque seul, la tête et les pieds nus, vers l'église du St.-Sépulcre.

THÈME 147.

1° Emploi du **gérondif** et des **supins**. — Gantr. 177 à 182

2° **Ablatif** avec les **verbes passifs**. - Gantr. 113.

— César I. — II, 1-34. —

Les soldats l'apprirent, et cette nouvelle commença à changer leurs dispositions. Dans le même temps des Chrétiens de Jérusalem que la victoire venait de délivrer de leurs cruels tyrans, accoururent au devant de leurs libérateurs, pour les remercier, pour embrasser leurs genoux, pour les appeler leurs frères, leurs amis, leurs sauveurs, pour partager avec eux les vivres qu'ils avaient pu dérober à la rapacité des Sarrasins.

Émus de ce spectacle, les pèlerins se rappelèrent qu'ils étaient venus dans ces contrées à travers tant de périls, non pour égorger des ennemis, mais pour adorer le tombeau du Christ. Bientôt on les vit revenir à de meilleurs sentiments; par un changement difficile à expliquer, ces hommes qui peu auparavant semblaient n'être animés que du désir de massacrer et de répandre le sang, ces mêmes hommes s'avancèrent pieusement, conduits par le clergé, et chantant des psaumes, vers l'église de la Résurrection.

L'armée réunie sur le mont calvaire passa toute la nuit à prier et à rendre grâces à Dieu. Mais quand les premières lueurs du jour mirent fin à ces exercices de piété, et que les Latins se répandirent de nouveau dans la ville, ils rencontrèrent un certain nombre de Musulmans qui s'étaient tenus cachés jusqu'alors, et la vue de ces ennemis leur rendit leur fureur de la veille et leur soif de vengeance.

C'est alors que, envoyés par des hommes qui bien que simples chevaliers avaient plus d'autorité sur la multitude que les princes eux-mêmes, quelques émissaires leur parlèrent de nouveau de massacrer les Turcs.

THÈME 148.

1° Emploi du **gérondif** et des **supins**. — Gantr. 177 à 182.

2° **Ablatif** avec les **verbes passifs**. — Gantr. 113.

— César I. — II, 1-35. —

Ils murmuraient à leur oreille : « Ne pensez-vous pas que le moment soit venu d'écraser vos ennemis, d'anéantir jusqu'au nom des anciens défenseurs de Jérusalem et d'inspirer par là à tous les barbares de l'Asie une grande terreur du nom chrétien? Si vous vous arrêtez dans votre œuvre de vengeance, si vous faites grâce à ces hommes que la victoire remet entre vos mains, c'est en vain qu'ils ont été vaincus par vous, c'est en vain que vous vous êtes emparés de Jérusalem.

« Ou vous les retiendrez dans les fers, et, au milieu d'un pays inconnu, environnés d'ennemis, vous aurez à garder des prisonniers plus nombreux que vous-mêmes ; ou vous leur enlèverez leurs armes, vous leur donnerez la liberté de sortir de la ville, et ils iront se joindre à cette armée égyptienne si nombreuse déjà qui s'avance pour vous reprendre cette place. »

Excités par ces discours insidieux, peu à peu les Latins se laissèrent persuader de recommencer leur œuvre sanguinaire. Il y avait une foule de Musulmans auxquels les vainqueurs avaient laissé la vie, soit par lassitude, soit par pitié, soit parce qu'ils espéraient qu'ils pourraient se racheter à prix d'argent. On sut que ces malheureux étaient allés s'enfermer les uns dans des souterrains, d'autres dans les lieux les plus secrets de leurs demeures. Les Latins, poussés par une sorte de frénésie, coururent les chercher, les traînèrent sur les places publiques et exercèrent sur eux toute sorte de cruautés. Las de frapper avec le fer, ils se mirent en tête de dresser des bûchers et de jeter dans les flammes tout ce qui leur restait de victimes.

THÈME 149.

1° Emploi du **gérondif** et des **supins**. — Gantr. 177 à 182.

2° **Ablatif** de **cause** — de **moyen**. — Gantr. 114, 115.

— César I. — II, 1-35. —

Trois cents Sarrasins étaient allés chercher un refuge sur la plate-forme de la mosquée d'Omar, et Tancrède dont ils avaient imploré la protection avait envoyé vers eux son écuyer leur porter son propre étendard. En vain le brave chevalier pria et supplia, en vain indigné de tant de férocité, il rappela « qu'il avait assez bien mérité de la sainte cause par sa constance et son courage, pour que des hommes qui s'étaient rendus à lui ne fussent point immolés sous ses yeux et malgré sa médiation. » Telle était la fureur des soldats, qu'ils n'étaient plus capables de comprendre les lois de l'honneur et de l'humanité. On força ces malheureux à descendre un par un et on les égorgea.

Les seuls Musulmans qui survécurent au massacre général furent ceux qui, comme nous l'avons dit, étaient allés chercher une retraite dans la forteresse de David. Ils furent sauvés grâce à l'énergie de Raymond de Toulouse. Ce prince déclara « qu'il n'était ni dans ses habitudes ni dans celles de ses ancêtres d'abandonner des hommes qu'il avait reçus à composition, et qu'il était accoutumé à traiter ceux qu'il avait vaincus, comme il l'entendait; qu'enfin si les Latins venaient les lui prendre de force, il saurait les en empêcher. » Raymond avait beaucoup de crédit et d'autorité sur les guerriers latins. Par sa parole ferme, par sa résolution de défendre ses prisonniers au péril de sa vie, il obtint des soldats que ces malheureux sortiraient sains et saufs de la place après avoir livré leurs armes. Quant aux Juifs, incapables de résister, ils s'étaient réfugiés dans leur synagogue; on y mit le feu et tous jusqu'au dernier furent ensevelis sous les ruines.

THÈME 150.

1° Emploi du **gérondif** et des **supins**. — Gantr. 177 à 182.

2° **Ablatif** de **cause** — de **moyen**. — Gantr. 114, 115.

— César I. — II, 1-35. —

Une chose terrible à dire et qu'il est presque impossible de croire, c'est que ces massacres durèrent toute une semaine. En rappelant le malheur de leurs frères, les historiens orientaux rapportent que soixante-dix mille Musulmans, Égyptiens ou Turcs de nation, avaient été tués soit en défendant leurs murailles, soit pendant les scènes de carnage qui suivirent la prise de Jérusalem.

Les Latins s'occupèrent ensuite du partage des

dépouilles de l'ennemi. En livrant assaut à la place, les princes avaient décidé que suivant la coutume de l'époque, ils laisseraient la libre possession d'une maison, d'un édifice à celui qui y serait entré le premier. Cette résolution fut fidèlement exécutée. Restaient les immenses trésors trouvés dans les mosquées. On décida qu'une partie serait réservée pour être distribuée aux pauvres et aux enfants de ceux qui étaient morts dans un combat, et qu'une autre partie servirait à enrichir d'ornements précieux les temples, que l'on avait l'intention de rendre sur le champ au culte du vrai Dieu. Les princes se partagèrent le reste.

En rassemblant toutes les richesses qui devenaient leur propriété, les Latins trouvèrent le bois de la vraie croix, et cette découverte ne leur causa pas moins de joie que la victoire elle-même. En s'informant auprès des Chrétiens de Jérusalem, ils apprirent que cette croix avait été enlevée quelques siècles auparavant par les Perses et rapportée ensuite à Jérusalem par l'empereur Héraclius; qu'on l'avait enfouie pendant le siége, pour la dérober aux insultes et aux outrages des Musulmans.

THÈME 151.

1° Emploi de l'**interrogation**. — Gantr. 133.

2° **Ablatif déterminatif** complément de certains verbes. — **Opus est**. — Gantr. 118, 119.

— César IV, 1 - 18. —

Suffisait-il aux Chrétiens de s'être emparés de Jérusalem? Ne leur fallait-il pas surtout conserver cette conquête qu'ils avaient faite par les armes? De grandes difficultés se présentaient. Pouvait-on en effet confier les destinées de la ville sainte à cette multitude de pèlerins si mobiles dans leurs résolutions, et n'était-il pas à craindre d'un autre côté que les ennemis ne reprissent les armes? Les nouveaux habitants de Jérusalem avaient donc besoin d'un chef possédant assez de courage et de capacités militaires pour se défendre s'il était attaqué.

Les princes de l'armée se réunirent après un délai de dix jours, pour prendre une détermination sur cet objet de la plus haute importance.

Robert, comte de Flandre, prenant le premier la parole, ne crut pas devoir leur dissimuler les dangers de la situation :

« Nous n'avons rien à craindre actuellement pour Jérusalem. En effet, la défaite des Turcs à Nicée et à Dorylée, celle des Perses à Antioche, des Égyptiens à Jérusalem n'ont-elles pas assez accru la réputation de l'armée latine chez les nations asiatiques les plus reculées, et leur terreur ne nous garantit-elle pas contre leurs agressions? Mais en sera-t-il encore de même, quand ils sauront que bon nombre des vainqueurs de Jérusalem ont quitté cette région pour retourner dans leur patrie? Ne jugeront-ils pas la ville sainte dépourvue de défenseurs? Ne supposeront-ils pas que le départ de ces guerriers rend l'armée beaucoup plus faible, et ne songeront-ils pas à reprendre les hostilités? »

THÈME 152.

1° Emploi de l'**interrogation.** — Gantr. 133.

2° **Ablatif déterminatif** complément de certains verbes. — **Opus est.** — Gantr. 118, 119.

— César IV, 1-19. —

Et cependant est-il vrai ou non que le plus grand nombre des princes que leur amour pour la religion a engagés à venir en Palestine, retourneront bientôt dans leurs foyers? La plupart, en effet, ne sont pas seulement des chefs militaires : n'ont-ils pas un peuple que Dieu leur a donné à gouverner? Après avoir obtenu le double objet pour lequel ils ont conduit leurs soldats dans ces contrées, de venger nos frères de Jérusalem persécutés pendant tant d'années par les Musulmans, de délivrer cette ville et le tombeau de J.-C. du joug impie des Sarrasins, n'est-ce pas avec raison qu'ils croient avoir assez fait pour le bien de la religion, pour l'accomplissement de leur vœu, et pour leur propre gloire? Leur devoir est-il de rester encore ou de retourner en Europe ?....

« Ils partiront donc, et chacun d'eux emmènera au moins mille guerriers avec lui. Mais, dira-t-on, ceux qui resteront à Jérusalem manquent-ils donc de courage ou d'habitude de la guerre? Ne se sont-ils pas, par un exercice journalier, rendus capables des plus grandes fatigues? et si peu nombreux qu'ils soient, croyez-vous qu'ils n'oseraient attaquer un corps quelconque de soldats sarrasins?

« Il est vrai, Jérusalem ne manquera pas de braves défenseurs, mais (est-il besoin de le dire?) ils suffiront à peine pour garder le saint sépulcre et pour protéger cette immense enceinte de murailles. Et cependant qu'avons-nous prétendu fonder? une ville chrétienne, exposée aux incursions des Sarrasins, ou un état libre de toute entrave qui puisse se défendre contre ses ennemis?.... »

THÈME 153.

1° **Conjonctions** qui régissent l'**indicatif**. — Gantr. 141, 142.

2° **Ablatif** complément de certains **verbes déponents** et de certains **adjectifs**. — Gantr. 120, 121.

— César IV, 1-20. —

« Si, comme je vous le propose, nous décernons la couronne à un prince digne par sa piété d'être le gardien du tombeau du Sauveur, doué d'assez de talents militaires pour étendre les conquêtes de la Croix, usant sagement de son autorité, il fera de la Palestine un état grand et florissant ; sous son règne les peuples jouiront du bonheur.

« Aussitôt que la nouvelle de la prise de Jérusalem sera parvenue en Europe, en même temps qu'on y apprendra qu'un prince illustre a ici en mains le pouvoir suprême et occupe le trône de Salomon, des milliers d'hommes se rendront dans ces lieux, et transportant leurs demeures à l'ombre du calvaire, ils viendront fonder une nouvelle Europe au sein même de l'Asie. »

Dès que le comte de Flandre eut terminé son discours, tous les princes de l'armée approuvèrent ses paroles. Plusieurs même voulaient qu'on lui offrît la royauté. Mais de même qu'il avait bien compris combien de difficultés présentait la situation de la Palestine, par la même raison il s'avouait indigne d'occuper le trône. D'ailleurs, comme il l'avait annoncé lui-même, depuis longtemps il avait résolu de repasser le Bosphore aussitôt après la prise de Jérusalem.

La plupart des princes étaient dans le même cas, et puisqu'il était impossible de les forcer à demeurer malgré eux, dans quelques jours il ne resterait plus à Jérusalem que Godefroid de Bouillon, Raymond de Toulouse et Tancrède. Le conseil ne savait quel parti prendre, et demandait du temps. Les princes ne voulaient pas se laisser guider par des renseignements incertains, ni prendre à la légère une détermination dont ils pussent avoir bientôt à se repentir.

THÈME 154.

1° **Conjonctions** qui régissent l'**indicatif.** Gantr. 141, 142.

2° **Ablatif** complément de certains **verbes déponents** et de certains **adjectifs.** — Gantr. 120, 121.

— César IV, 1-21. —

A la fin pourtant le conseil choisit dix hommes parmi les prêtres et les guerriers, et les chargea de désigner celui des trois princes qu'ils regarderaient comme le plus digne du trône, celui à qui ils croiraient devoir être confiée la garde des saints lieux. Il déclara qu'il accepterait la décision portée par eux, et leur donna dix jours pour faire une proposition. Les dix électeurs répondirent qu'ils acceptaient cette mission, et qu'après en avoir délibéré ils rapporteraient une réponse au conseil des chefs.

Aussitôt que Tancrède apprit ce qui venait d'être fait, il se hâta de déclarer qu'il ne voulait pas régner et qu'il regardait comme la plus grande gloire de porter le titre de chevalier chrétien et de lieutenant de Godefroid. Raymond de Toulouse, bien qu'il ne fut pas indigne du trône à cause de sa valeur et de son expérience, ne jouissait pas de l'estime des soldats, parce qu'on savait qu'il avait toujours préféré ses propres intérêts à ceux de la religion.

Après avoir consulté séparément tous les soldats, d'une voix unanime les dix électeurs nommèrent roi de Jérusalem le duc de Lorraine, Godefroid de Bouillon. De même que ce prince ne le cédait à aucun de ses collègues pour l'illustration de la naissance, de même il était le plus digne de la couronne par sa valeur, par sa piété, et par son crédit sur l'armée.

Dès que ce choix eut été fait, la nouvelle en fut publiée par toute la ville. Tandis que tous, princes et guerriers, prêtres et pèlerins, se réjouissaient et approuvaient la sagesse et la prudence des électeurs, on remarqua que seul peut-être dans toute la cité, le comte de Toulouse l'apprit avec une peine extrême.

THÈME 155.

1° **Conjonctions** qui régissent l'**indicatif**. — Gantr. 141, 142.
2° **Ablatif** de **séparation**. — Gantr. 122.

— César IV, 1-22. —

Le comte de Toulouse dissimula cependant, autant qu'il le put, son ressentiment, résolu qu'il était d'attendre qu'une bonne occasion se présentât de se venger soit de Godefroid, soit de l'armée entière.

Le duc de Lorraine fut conduit dans l'église du St.-Sépulcre pour y être proclamé roi de Jérusalem et y prêter le serment de garder les lois de la justice et de défendre contre tous les droits de la religion. Avant la cérémonie, il parla à peu près en ces termes :

« Frères et compagnons d'armes, puisque vous ne voulez pas que je me sépare de mes chers soldats, puisque vous me confiez le soin de diriger ce peuple fidèle, d'écarter tout danger de lui et de notre nouvelle patrie, et de garder au nom de toute la chrétienté, comme un précieux dépôt, ce saint tombeau dont la victoire nous a rendus maîtres ; je crois de mon devoir d'accepter cet honneur, quelque indigne que j'en sois. Si les talents me manquent pour m'acquitter de mes devoirs, du moins le dévouement aux intérêts de la religion ne me fera pas défaut.

« Je croyais avoir assez fait pour la gloire et la cause sainte, et j'aurais regardé comme un bonheur extrême de revoir ma belle patrie, mes fidèles vassaux que j'ai toujours chéris comme un frère chérit ses frères. Je ne puis cependant mettre ces petits intérêts au-dessus de la prospérité de la Palestine et du bien de la religion.

« Mais ne croyez pas que j'accepte ces insignes du souverain pouvoir et ce trône enrichi de pierres précieuses. Non : il ne m'est pas permis de porter un sceptre et une couronne d'or dans les lieux mêmes où le Christ a porté sur la tête une couronne d'épines et tenu en mains un misérable roseau. »

THÈME 156.

1° Emploi de l'**infinitif.** — Gantr. 160 à 166.
2° **Ablatif** de **séparation.** — Gantr. 122.

— César IV, 1-23. —

« Vous ne pouvez non plus obtenir de moi que je me laisse appeler roi de Jérusalem dans une ville où le créateur des rois et des princes a été salué avec mépris du nom de roi des Juifs. Le titre de gardien et défenseur du St.-Sépulcre me suffira pour me rappeler ce que je dois à Dieu, au monde chrétien, à mes nouveaux sujets, ce que je me dois à moi-même. »

Dès que la nouvelle se fut répandue dans les contrées qui touchent aux frontières de la Palestine que la ville sainte était au pouvoir des guerriers de l'Occident, que ceux-ci avaient résolu d'y faire leur demeure, et qu'enfin ils avaient choisi parmi eux pour les gouverner un prince dont chacun admirait le courage et la sagesse, une foule de Chrétiens accoururent à Jérusalem, non seulement de Syrie, mais encore de Mésopotamie, de Cilicie, de Cappadoce et des villes d'Antioche, de Tarse et d'Édesse.

La cause de cette affluence fut que les uns voyaient qu'ils n'avaient plus rien à craindre des Sarrasins, et qu'ils pourraient maintenant accomplir ce qu'ils désiraient depuis longtemps, un pèlerinage au tombeau du Sauveur. D'autres avaient appris que des terres et des maisons allaient être vacantes à Jérusalem par le départ de la majeure partie des Francs; ils espéraient en obtenir de la générosité de Godefroid. Délivrés du joug d'un peuple barbare qui leur était complètement étranger par les mœurs et la religion, ils regardaient comme la félicité suprême de venir s'établir au milieu d'une population chrétienne et de se soumettre aux lois d'un prince chrétien.

THÈME 157.

1° Emploi de l'**infinitif.** — Gautr. 160 à 166.
2° **Ablatif** de **temps.** — Gautr. 125.

— César IV, 1 - 24. —

Lorsque les nouveaux arrivés vinrent trouver Godefroid pour lui demander asile et protection, il leur répondit avec bienveillance et s'empressa de leur assigner des terres. Tous les Latins virent avec joie que la ville sainte allait devenir ainsi en fort peu de temps le rendez-vous commun de tous les Chrétiens de Syrie.

Il était de la dignité du nom chrétien de rendre au nouveau royaume latin les frontières que la Palestine avait eues à l'époque de la plus grande prospérité du peuple d'Israël et au temps où les Romains en firent la conquête. A peine mis en possession du souverain pouvoir, Godefroid résolut de profiter de la terreur dont la prise de Jérusalem avait rempli tous les Musulmans. Il songea qu'il serait de la dernière folie d'attendre pour se mettre en campagne le moment où la plupart de ses collègues seraient partis pour retourner en Europe, et de donner ainsi aux ennemis le temps de prendre une détermination.

Plusieurs princes, au nombre desquels Raymond de Toulouse et le comte de Normandie, résistaient obstinément. « Leur vœu était accompli, disaient-ils, ils n'avaient plus rien à faire en Asie. Les murailles de Jérusalem étaient les limites du royaume latin, et si Godefroid prétendait exercer sa domination au-delà de ces limites, il lui était permis de le faire, mais il était juste qu'il le fît seul. » Godefroid fut forcé de les flatter, de les encourager, de les prier, de répéter tout ce que le comte de Flandre avait déjà dit si éloquemment quelques jours auparavant dans l'assemblée des chefs.

THÈME 158.

1° Emploi de l'**infinitif.** — Gantr. 160 à 166.

2° **Ablatif** de **temps.** — Gantr. 125.

— César IV, 1-25. —

Godefroid obtint enfin ce qu'il demandait, et à l'heure même, sans perdre un seul instant, il ordonna à Tancrède et au comte de Flandre de prendre les devants avec toute la cavalerie pour aller occuper le territoire de Naplouse.

Ils étaient à peine partis de deux jours, lorsqu'on apprit à Jérusalem qu'une armée innombrable venait de débarquer à Gaza et qu'elle était sur le point de se mettre en marche vers la ville sainte. Aussitôt le roi envoya des messagers aux chefs de l'expédition pour leur donner l'ordre de s'avancer vers le rivage de la mer pour voir par leurs propres yeux quelles étaient les forces de l'ennemi et quels paraissaient être ses projets.

Quatre jours après, une lettre de Tancrède à Godefroid lui rendait compte de tout ce qu'il avait vu. Il y disait : « que l'armée qui avait débarqué à Gaza quelques jours auparavant, s'était déjà grossie d'une foule de Sarrasins de Palestine et de Syrie; elle était maintenant composée d'une multitude considérable d'hommes qui différaient entre eux de race, de langage, de couleur même, mais qui tous étaient fidèlement attachés à la foi de Mahomet. Ces troupes étaient commandées par ce même Afdal qui, dix mois auparavant, s'était acquis tant de gloire par la défaite des Turcs et la prise de Jérusalem. Il serait cependant aisé aux Latins de les vaincre, car c'était une troupe d'hommes barbares, sans aucune expérience de la guerre. Pour les rassurer et les engager à marcher en avant, leurs officiers leur avaient persuadé que les Francs, trop peu nombreux, n'oseraient sortir de leurs murs et leur livrer bataille. »

THÈME 159.

1° Emploi de l'**infinitif.** — Gantr. 160 à 166.
2° **Questions** de **lieu.** — Gantr. 132.

— César IV, 1-26. —

Tancrède ajoutait : « qu'il fallait ne pas perdre un moment et tomber sur eux avant qu'ils pussent connaître les projets de leurs adversaires. Effrayés de l'arrivée subite des Francs, ils résisteraient à peine et se hâteraient de prendre la fuite ou de déposer les armes. Il suffirait donc aux Latins de se montrer pour assurer la prospérité de la Palestine. En effet, par suite de cette nouvelle victoire, leur renommée deviendrait si grande, que toutes les villes de la contrée s'empresseraient de se donner à eux. »

Cette lettre fut lue publiquement par l'ordre du roi et elle excita des transports d'enthousiasme. C'était le soir, on envoya des hérauts par la ville annoncer que le lendemain tous les hommes en état de porter les armes se réuniraient dans l'église du St.-Sépulcre, s'y prépareraient par la prière à combattre les ennemis de Dieu, et que le surlendemain à la pointe du jour on partirait de Jérusalem.

Tous les préparatifs se firent avec une extrême diligence, et l'heure du départ étant arrivée, toute l'armée partit de la ville sainte par la porte du midi.

Remis de leurs fatigues par un repos de quelques semaines, tous les Latins promettaient par leurs clameurs et par leur attitude martiale d'accomplir leur devoir envers leur général et la cause de la religion. Les uns juraient d'affermir le royaume qui était devenu pour eux une seconde patrie; les autres espéraient, avant de retourner dans leurs foyers, couronner leurs exploits par quelque action d'éclat dont ils pussent reporter chez eux le souvenir.

THÈME 160.

1° Emploi de l'**infinitif.** — Gautr. 160 à 166.
2° **Questions** de **lieu.** — Gautr. 152.

— César IV. 1-27. —

On les entendait s'exhorter entre eux à combattre avec la même ardeur, le même zèle qu'ils avaient toujours montrés dans les batailles précédentes. Ils se disaient: «qu'ils marchaient à l'ennemi conduits par le vaillant Godefroid, ce héros invincible dont la renommée était déjà si grande dans toute l'Asie; que de plus le patriarche de Jérusalem, Arnould s'était joint à eux; il marchait à côté du roi, portant dans ses mains le bois sacré de la vraie croix, et ce serait là pour l'armée le gage certain de la victoire.»

Godefroid n'avait voulu laisser derrière lui aucun guerrier, pas même pour garder la ville. Mais il avait refusé d'emmener tous ceux qui, à cause de leur âge ou de leur profession, ne pouvaient être d'aucune utilité dans l'expédition. Il avait donc ordonné au clergé, aux vieillards, aux femmes, aux enfants de demeurer dans la place, leur défendant de s'en éloigner sous aucun prétexte. Il leur permit cependant d'accompagner quelque temps l'armée; puis, quand il crut que le temps était arrivé, il les engagea à retourner à Jérusalem et chargea Pierre l'ermite de les y reconduire. Il pria également le pieux personnage, dont il connaissait la sagesse et la fermeté, de veiller avec soin à tout ce qui pourrait arriver à Jérusalem ou dans les environs pendant l'absence de l'armée, et de l'en informer aussitôt qu'elle serait de retour.

THÈME 161.

1° Emploi de l'**infinitif.** — Gantr. 160 à 166.
2° **Questions** de **lieu.** — Gantr. 132.

— César IV, 1-28. —

Le torrent de Sorrec sort des montagnes de Judée, reçoit les eaux de quelques ruisseaux, et se jette dans la méditerranée par une large embouchure après un cours rapide de quatre ou cinq lieues. Les soldats de Godefroid arrivèrent au bord de ce torrent qu'ils avaient résolu de traverser malgré la profondeur de ses eaux et la rapidité de son cours. Leur principal motif était que quelques espions Turcs tombés entre leurs mains leur avaient appris que s'ils réussissaient à effectuer le passage, ils pourraient au bout de quelques heures de marche, arriver à Ascalon, ville auprès de laquelle ils espéraient rencontrer l'ennemi.

Ils trouvèrent là rassemblés une multitude d'ânes, de mules, et de chevaux. Il paraît que les Sarrasins avec leur ruse et leur perfidie habituelle avaient abandonné tout ce bétail en cet endroit dans l'espérance que les Latins n'hésiteraient pas à quitter leurs rangs pour s'emparer de cette proie. Ils avaient imaginé qu'ils pourraient aisément accourir alors au galop de leurs chevaux; ils attaqueraient les ennemis au milieu de leur embarras, un grand nombre en envelopperait un petit, d'autres lanceraient des traits sur le gros de l'armée.

Mais Godefroid soupçonnant qu'il y avait là quelque embûche cachée, ordonna à ses soldats de bien garder leurs rangs, comme l'exigeait la discipline militaire; et fit publier que si quelqu'un d'entre eux cherchait à s'emparer d'un seul de ces animaux, il serait à l'instant mis à mort.

THÈME 162.

1° Emploi de l'**infinitif.** — Gantr. 160 à 166.
2° **Questions** de **lieu.** — Gantr. 132.

— César IV, 1-30. —

Il répugnait à Godefroid, qui connaissait la légèreté de ses soldats, de prononcer cette sentence sévère, et il lui tardait d'arriver devant Ascalon. Il résolut pour ces deux motifs de passer immédiatement le torrent. Ayant trouvé à deux cents pas plus haut un endroit qui paraissait assez convenable pour effectuer le passage, il poussa le premier son cheval dans l'eau.

Comme beaucoup de soldats hésitaient à suivre son exemple, surtout à cause de la rapidité du courant, se retournant vers eux, il s'écria : « Élancez-vous, compagnons d'armes, si vous ne voulez que votre général s'offre seul aux coups de l'ennemi. Je prends Dieu à témoin que je ne reculerai pas. »

Entraînée par cet exemple et ces paroles, toute l'armée le suivit, et bien que accablés du poids de leurs armes, tous jusqu'au dernier atteignirent sains et saufs le bord opposé.

Du torrent de Sorrec ils se dirigèrent à marche forcée vers la plaine d'Ascalon à travers un pays que la flamme et le fer avaient dévasté, ne rencontrant sur leur passage que des moissons coupées, des maisons brûlées, quelques hommes à demi morts de frayeur et de besoin.

A la tombée de la nuit, après une journée de fatigue, ils se réjouirent d'apercevoir de loin la colline qui les séparait de la plaine où ils devaient livrer bataille. Godefroid donna l'ordre de s'arrêter et de se préparer par le sommeil aux fatigues du lendemain.

THÈME 163.

1° Construction de l'**impératif.** — Gantr. 159.
2° Emploi du **comparatif.** — Gantr. 127.

— César IV, 1-32. —

Dans la crainte que les ennemis ne vinssent les attaquer pendant leur sommeil, Godefroid défendit aux soldats de déposer leurs armes, et il donna l'ordre que des sentinelles en plus grand nombre que de coutume veillassent jusqu'à ce que le jour fût levé.

Au point du jour, le signal est donné, et avec plus d'ardeur belliqueuse qu'ils n'en avaient jamais montré dans les batailles précédentes, les Latins franchissent la colline et aperçoivent devant eux les ennemis rangés en bataille.

Voyons quelle est la nature des lieux où les deux armées ont résolu d'engager une action décisive. Nous entrons dans une plaine immense. Remarquez à droite la ville d'Ascalon située sur un plateau plus élevé que la plaine et descendant par une pente douce jusqu'à la mer. Voyez à gauche les lignes égyptiennes disposées en demi-cercle, comme pour envelopper l'armée plus vaillante que nombreuse qui s'avance vers elles. Au fond on aperçoit la mer où les vaisseaux qui ont amené toute cette multitude, attendent sur leurs ancres, soit pour reporter en Égypte la nouvelle d'une victoire, soit plutôt pour offrir aux vaincus le moyen de regagner leur patrie.

N'oublions pas qu'on avait persuadé aux Égyptiens que les Chrétiens, dont les forces étaient beaucoup moindres que les leurs, non-seulement ne pourraient leur résister, mais n'oseraient même se présenter devant eux. Ne nous étonnons donc pas si, frappés d'une terreur subite par la promptitude de l'arrivée des Latins, ils ne savent dans leur trouble s'ils doivent marcher contre eux ou les attendre de pied ferme.

THÈME 164.

1° Construction de l'impératif. — Gantr. 159.

2° Emploi du comparatif. — Gantr. 127.

— César IV, 1-34. —

Déjà la terreur des Musulmans se manifestait par des cris et par le plus grand désordre, déjà plusieurs cherchaient leur salut dans la fuite, quand Afdal accourut, et avec non moins d'étonnement que de fureur : « Arrêtez, s'écria-t-il, essayez au moins de résister et ne donnez pas à nos ennemis une si triste opinion du courage des enfants de Mahomet!... Oubliez, si vous voulez, que le Prophète a promis d'être lui-même quoique invisible à la tête de ceux qui combattent en son nom ; mais n'oubliez pas que du moins vous êtes de beaucoup plus nombreux que vos adversaires. Vous craignez de ne pouvoir soutenir les efforts des Francs et vous voulez vous soustraire au péril de tomber entre leurs mains. Ah ! craignez plutôt de fuir, sachez que si vous le faites, vous périrez bien plus sûrement que si vous demeurez. Vous périrez dans les sables du désert, accablés par la faim, la soif, la lassitude. Vous y périrez maudits de Dieu et des hommes, car le ciel de Mahomet ne s'ouvre pas pour les lâches ! »

Tandis que le général égyptien s'efforçait de relever le courage des siens, l'armée des Chrétiens descendait dans la plaine. Godefroid plus vaillant que jamais se dirigea vers la ville avec deux mille cavaliers et trois mille fantassins, pour empêcher que la garnison n'envoyât du renfort aux Égyptiens, si elle les voyait en péril. Le comte de Toulouse suivant avec ses Provençaux, traversa toute la plaine et alla les placer entre la gauche de l'ennemi et la mer.

THÈME 165.

1° **Subjonctif** dans les phrases conditionnelles — après les conjonctions **ut** et **ne**. — Gautr. 141, 148, 149.

2° Emploi du **comparatif**. — Gautr. 127.

— César IV, 1-36. —

Pour essayer d'inspirer une grande terreur aux Latins, Afdal avait fait placer au premier rang les Éthiopiens, qu'il regardait comme bien plus braves que ses autres soldats. Certes si les Chrétiens n'avaient pas eu plus de bravoure et d'expérience que la plupart des Musulmans, ils auraient été effrayés de ces figures plus noires que l'ébène, de cet aspect féroce, de ces cris sauvages et surtout de ce mode tout-à-fait inusité de combattre. Ces guerriers, le genou en terre décochaient leurs premières flèches pour jeter le désordre dans les rangs de leurs adversaires. Puis se relevant et saisissant des tiges flexibles terminées par une boule de fer, ils s'élançaient en avant au milieu des rangs mal formés de leurs ennemis et frappaient les chevaux; et par un exercice de chaque jour ils avaient acquis tant d'adresse qu'ils les atteignaient toujours à la tête et les renversaient. Les chevaux étant tués, de nouveaux ennemis libres de toute entrave attaquaient les cavaliers désarçonnés, dispersés, les mains ou les pieds embarrassés, et faisaient en sorte d'en tuer un grand nombre.

Pour que rien ne manquât au bonheur de l'armée latine, Tancrède et le comte de Flandre revenant de leur expédition, avaient la veille rejoint l'armée, de telle façon que Godefroid avait pu leur confier, ainsi qu'à Robert de Normandie dont il connaissait le mérite, l'honneur d'engager les premiers l'action.

THÈME 166.

1° **Subjonctif** dans les phrases conditionnelles — après les conjonctions **ut** et **ne**. — Gantr. 114, 148, 149.

2° Emploi du **comparatif**. — Gantr. 127.

— César IV, 1-38. —

Au signal donné, ils attaquèrent l'aile gauche et le centre de l'ennemi avec une impétuosité telle que s'ils n'avaient rencontré les Éthiopiens, ils auraient dès le premier moment décidé du sort de la journée. A dire vrai, ce nouveau genre de combat jeta les premiers rangs dans un si grand trouble, qu'ils reculèrent, et mirent par ce mouvement inattendu le désordre dans les rangs de ceux qui les suivaient.

C'en était fait de la troupe latine, si Tancrède n'avait vu de loin avec plus de surprise que d'effroi le danger que couraient ses soldats. Il leur fait signe de se replier vers lui et de le suivre à distance. Puis il ordonne à une troupe qui n'avait point encore pris part à l'action de se mettre à leur place. Ils s'élancent avec plus de vigueur que les premiers, et de leurs haches frappent les Éthiopiens avec tant de force qu'ils les poussent devant eux ou les écartent.

Ils pénètrent ensuite dans les rangs pressés des Égyptiens; mais il n'y avait plus dans toute cette multitude de barbares un seul bataillon qui pût soutenir leur choc. Tandis que les derniers de la troupe latine couraient sur tous les points pour rompre les rangs des ennemis, les premiers arrivèrent à l'endroit où s'étaient réunis Afdal et ses principaux officiers, les enveloppèrent quoiqu'ils ne fussent guère plus nombreux qu'eux, et leur ordonnèrent de livrer du moins l'étendard s'ils ne voulaient pas déposer les armes.

THÈME 167.

1° **Subjonctif** dans les phrases conditionnelles — après les conjonctions **ut** et **ne**. — Gantr. 141, 148, 149.

2° Emploi du pronom **sui**, et de l'adjectif **suus**. — Gantr. 131, 165.

— César IV. — V, 1-20. —

Comme les officiers égyptiens se rangeaient autour de leur général pour défendre leur vie et la sienne, Robert de Normandie plus prompt que l'éclair s'élance sur l'officier qui portait le drapeau, et cela avec une telle vigueur qu'il le jette à bas de son cheval. En même temps il lui arrache le drapeau des mains et le montre à tous les combattants. Ce fut le signal de la défaite des Musulmans.

A cette vue une telle consternation se répandit dans toute l'armée mahométane, que jetant leurs armes tous se mirent à fuir de toutes parts. Raymond de Toulouse jugeant le moment favorable pour agir, se porte avec les siens un peu vers la gauche, afin de couper le passage aux fuyards. Ceux qui continuent à fuir sont écrasés par la multitude de leurs adversaires; d'autres rebroussent chemin pour ne pas subir le même sort, pour échapper à ce péril par la rapidité de leur course, mais ils vont tomber au milieu des braves que commandait Godefroid.

Ils ne savent plus où se réfugier, et, ce qui devait nécessairement arriver, le désespoir et la fureur leur rendent quelque énergie. Ils se seraient élancés au milieu des ennemis, et peut-être le combat eût-il offert autant de péril pour les vainqueurs que pour les vaincus, si Godefroid leur avait laissé le temps de s'arrêter pour reformer leurs rangs. Mais il fond sur eux comme un lion sur un troupeau de faibles brebis, et en un instant tout est culbuté.

THÈME 168.

1° **Subjonctif** dans les phrases conditionnelles — après les conjonctions **ut** et **ne**. — Gautr. 144, 148, 149.

2° Emploi du pronom **sui** et de l'adjectif **suus**. — Gaut. 131, 163.

— César IV. — V, 1 - 25. —

Le carnage devint horrible, et il aurait pu durer longtemps si les Latins, dont en cette occasion il faut louer l'humanité, n'avaient fait grâce à un grand nombre de ces malheureux.

Entendant derrière eux des cris de victoire et le bruit d'une nouvelle lutte, tous les Chrétiens de la plaine accourent se joindre aux soldats de Godefroid. Délivrés de leurs assaillants, ceux qui résistaient encore et que les Latins avaient poussés entre Godefroid et la ville, se précipitèrent pour y chercher une retraite, et cela avec une telle hâte que deux mille périrent en essayant d'y pénétrer.

Une foule d'autres s'enfuirent vers le désert pour y mourir de faim, de misère et de lassitude. D'autres se replièrent vers la mer, et ils auraient trouvé un refuge dans leurs vaisseaux si la trahison de leur général n'y avait mis obstacle. Au moment où le valeureux Robert s'était emparé de l'étendard ennemi, Afdal serait tombé au pouvoir des Latins si ses officiers ne l'avaient entouré et n'avaient exposé leurs jours pour sauver les siens. Tant s'en faut qu'il profitât de l'occasion pour rallier les siens et les conduire à l'ennemi, qu'au contraire il ne songea qu'à son propre salut. Il avait déjà perdu son épée, il jeta loin de lui les insignes de son commandement, de crainte qu'ils ne le fissent reconnaître et put ainsi parvenir au bord de la mer, et atteindre son vaisseau. Là, trouvant le vent favorable et les vaisseaux prêts à mettre à la voile, il fit lever l'ancre à toute la flotte et partit abandonnant lâchement les siens à la fureur des vainqueurs.

THÈME 169.

1° **Subjonctif** dans les phrases conditionnelles — après les conjonctions **ut** et **ne**. — Gantr. 144, 148, 149.

2° Emploi du pronom **sui** et de l'adjectif **suus**.—Gantr. 131, 163.

— César IV. — V, 1-28. —

Lorsqu'il ne resta plus sur le champ de bataille que des morts ou des prisonniers, Godefroid envoya deux corps de cavaliers en expédition afin de poursuivre ceux qui avaient fui. Il leur défendit de s'éloigner trop de crainte qu'ils ne s'égarassent dans une contrée inconnue. De plus, comme une grande partie du jour était déjà écoulée, il craignait qu'il ne restât plus assez de temps pour établir le camp en face de la ville. Quand ils furent revenus, le Roi permit à ses guerriers de se partager le riche butin abandonné par l'ennemi.

Il n'eût pas été difficile aux vainqueurs de se rendre maîtres de la ville d'Ascalon et de l'ajouter au royaume de Jérusalem. Découragés par la défaite de leurs frères et de leurs alliés, voyant que tout espoir de vaincre était perdu pour eux, les défenseurs de cette place n'auraient même pas essayé de faire résistance. Mais l'ambition d'un des princes vint mettre obstacle à ce projet.

Raymond de Toulouse avait dit tant de fois que

« c'était à lui que le trône de Jérusalem devait être déféré », que sa colère n'avait plus connu de bornes lorsqu'il avait vu qu'on lui refusait obstinément cette dignité. Godefroid avait donc tenu surtout à l'emmener avec lui, pour le maintenir dans le devoir et de crainte que son ambition ne le portât à quelque excès. Il le savait assez avide de grandeur et d'autorité, pour essayer, en l'absence du roi, d'exciter quelque soulèvement à Jérusalem. Raymond avait tant de fois méprisé l'autorité de Godefroid en sa présence que celui-ci croyait avec raison avoir tout à craindre de lui pendant son absence.

THÈME 170.

Verbes qui se construisent avec **ut, ne, quod** — avec l'**infinitif** ou ces conjonctions — avec le **subjonctif** seul. — Gantr. 167 à 170.

— *César* IV. — V, 1-30. —

Raymond de Toulouse voyait donc avec une peine extrême son crédit diminuer dans l'armée. Lui qui avait été amené plus par sa soif de puissance et de richesses que par sa piété à prendre les armes pour la cause de la religion, il se voyait à la fin de la croisade déchu de toute espérance. Il commença à intriguer auprès de ses collègues, à les prendre à part, à les presser de lui accorder la possession de la ville d'Ascalon. Plusieurs des amis de Godefroid l'instruisirent de ces menées et lui conseillèrent de les réprimer et de prévenir Raymond par tous les moyens possibles. Il y avait en effet lieu d'empêcher le comte de nuire aux intérêts du nouveau royaume des Latins.

Un jour dans une assemblée des chefs, le comte de Toulouse tâcha de les entraîner dans son parti.

« J'avoue, dit-il, que nous devons beaucoup au duc de Lorraine pour les services qu'il a rendus à notre cause : il a réussi à enlever Jérusalem au joug des Musulmans et à délivrer nos frères d'Orient du tribut honteux qu'ils payaient depuis longtemps aux ennemis de la religion. Aussi ne suis-je pas celui qui se réjouit le moins de ce que le souverain pouvoir lui a été décerné. En le nommant roi, nous avons voulu accomplir un devoir de reconnaissance et nous avons réussi en même temps à donner satisfaction à nos sentiments d'admiration pour les vertus du meilleur et du plus pieux des collègues. »

THÈME 171.

Verbes qui se construisent avec **ut**, **ne**, **quod** — avec l'**infinitif** ou ces conjonctions — avec le **subjonctif** seul. — Gantr. 167 à 170.

— César IV. — V, 1-32. —

« Mais, permettez-moi de vous le rappeler, Godefroid n'a pas travaillé seul à établir le royaume de Jérusalem. Vous avez assez d'expérience pour savoir que jamais il n'eût pu, avec le petit nombre de soldats qui s'étaient attachés à sa fortune, accomplir toutes les grandes choses pour lesquelles nous sommes venus dans ces contrées. En assiégeant avec nous la ville sainte, il n'a point agi de sa propre autorité, l'armée tout entière l'avait contraint de le faire, et à cette époque l'armée n'avait pas moins d'autorité sur nous que nous n'en avions sur elle.

» Si donc chacun de nous peut se glorifier d'avoir aidé à vaincre nos ennemis, chacun de nous peut exiger de recevoir la récompense de ses travaux. Nous nous réjouissons que Godefroid ait paru digne de posséder Jérusalem, comme nous nous sommes réjouis que Baudouin ait été élu comte d'Édesse et Bohémond gouverneur d'Antioche; mais pourquoi ne nous arriverait-il pas à nous qui avons travaillé comme eux, de commander comme eux dans quelqu'une des villes de ce pays? Nous ne songeons pas à ôter au valeureux duc de Lorraine cette couronne que les suffrages de l'armée lui ont donnée; nous demandons seulement qu'il permette à d'autres de retenir pour eux la ville que le sort des armes va faire tomber entre nos mains. »

A cela Godefroid répondit : « qu'il n'avait point souhaité d'obtenir la souveraine autorité dans la ville sainte, et que le titre de défenseur du St.-Sépulcre lui avait été accordé par le suffrage libre et unanime de ses frères d'armes. »

THÈME 172.

Verbes qui se construisent avec **ut**, **ne**, **quod** — avec l'**infinitif** ou ces conjonctions — avec le **subjonctif** seul. — Gautr. 167 à 170.

— César IV. — V, 1-34. —

« Mais puisque j'ai accepté cette dignité, continua Godefroid, il est de mon devoir de la conserver, de la défendre contre tous, de faire en sorte que je puisse la transmettre intacte à celui qui sera désigné comme mon successeur. Or, ce n'est pas seulement la ville de Jérusalem qui a été remise entre mes mains, mais encore toute la Palestine, tout l'ancien royaume de Juda; et je m'étonne qu'on oublie que cet empire s'étendait au-delà d'Ascalon et n'avait pour limites que les sables du désert.

« Je prie donc le comte de Toulouse, au nom de la religion, pour laquelle nous avons versé notre sang, de ne pas mettre en péril par ambition et par opiniâtreté une cause qui doit nous être sacrée et que nous avons juré de défendre. Je le conjure de ne pas semer la discorde au sein d'un peuple dont l'union fait toute la force. Je le supplie de permettre que, non le drapeau de Godefroid, mais l'étendard de la croix flotte désormais sur les remparts d'Ascalon. »

A ces paroles si justes et si modérées, Raymond répondit outré de colère : « que le torrent de Sorrec était la limite naturelle du royaume de Palestine. Puisque vous le voulez cependant, ajouta-t-il, emparez-vous de cette ville. Je souhaite que vous réussissiez, et je ne veux pas, s'il arrive quelque malheur, qu'on puisse m'en demander compte. Mais n'exigez pas que moi ou les miens vous aidions à vous rendre maître d'une proie à laquelle je n'ai pas moins de droit que vous. »

A ces mots il quitta le Conseil, et alla donner l'ordre à ses soldats de se préparer à le suivre.

THÈME 173.

Verbes qui se construisent avec **ut, ne, quod** — avec **l'infinitif** ou ces conjonctions — avec le **subjonctif** seul. — Gantr. 167 à 170.

— César IV. —V, 1-36. —

Profitant de la préoccupation générale, Raymond sortit du camp à la tête de tous ses Provençaux. Mais auparavant il eut le temps de faire venir à l'insu de tous le commandant d'Ascalon, et de l'engager à ne pas se rendre à Godefroid et à résister vigoureusement s'il était attaqué. « Je pars, lui dit-il, et j'emmène avec moi les plus braves de l'armée franque. Il ne restera plus de bataillon dans toute cette multitude que vous ne puissiez vaincre. Osez donc vous montrer plus braves que les Égyptiens, vos alliés. » Il chercha ensuite à l'effrayer : « Ce n'était pas sans motif que Godefroid désirait s'emparer d'Ascalon. Il voulait faire sortir de la ville tous les Musulmans qui l'habitaient, et engager les Chrétiens à prendre leur place. Quant aux défenseurs de la ville, son dessein était de les emmener tous à Jérusalem, et de les mettre secrètement à mort ou de les retenir dans les fers. »

Cependant Godefroid se disposait à livrer assaut à la place. Il lui importait beaucoup d'avoir sous son autorité, au sud de ses états, une forteresse d'où il pût barrer le passage aux Arabes du désert et aux Égyptiens. Mais bientôt plusieurs princes commencèrent à se plaindre de ce que le siége traînait en longueur et à suivre l'exemple de défection donné par Raymond. Abandonné de ses meilleurs compagnons d'armes, Godefroid vit bientôt que tout espoir de prendre la ville était perdu, et que l'on ne pouvait même sans danger en continuer le siége.

THÈME 174.

Verbes qui se construisent avec **ut**, **ne**, **quod** — avec l'**infinitif** ou ces conjonctions — avec le **subjonctif** seul. — Gantr. 167 à 170.

— César IV. — V, 1 38. —

Godefroid remettant à plus tard la conquête d'Ascalon, fut forcé de se contenter pour le moment de fixer le tribut que cette ville aurait à lui payer chaque année, et après avoir accepté les ôtages qu'il avait eu soin d'exiger, il donna le signal du départ. Quelques jours après, comme l'armée chrétienne se trouvait de nouveau réunie devant Arsouf, ville maritime située à douze milles de Ramla, il arriva qu'une contestation s'éleva entre Godefroid et Raymond. Le comte de Toulouse s'était déjà rendu dans ces lieux avec ses Provençaux. Il avait trouvé une place parfaitement fortifiée par la nature et par l'art.

Il avait cependant essayé de l'assiéger : son intention était, s'il pouvait réussir à la prendre , de la garder pour lui. Voyant que les ennemis résistaient et qu'il ne pouvait rien espérer, il avait fait crier par un héraut « que quelques-uns des assiégés sortissent pour une entrevue » . Alors il n'avait pas eu honte de leur conseiller «de ne pas se soumettre à Godefroid,» et de leur persuader « qu'avec les forces dont ils disposaient, ils pourraient avoir la certitude de résister aux armes des Francs. »

A cette nouvelle , indigné qu'un prince chrétien oubliât ainsi ses devoirs, et ne songeât qu'à ses propres intérêts, Godefroid ne fut pas maître de sa colère. Il ordonna à ses soldats les plus dévoués de prendre les armes et de marcher avec lui contre les troupes de Raymond. Celui-ci se préparait déjà à entrer en lutte.

THÈME 175.

Subjonctif après les conjonctions **quo, quin, quominus**. — Gautr. 150, 151, 152.

— César IV. — V, 1-40. —

« Il semblait que rien ne pût empêcher les deux corps d'armées d'en venir aux mains, quand Tancrède, le comte de Flandre, le comte de Normandie et quelques autres princes n'hésitèrent pas à accourir et firent tous leurs efforts pour les retenir.

« Il n'est rien qui soit plus honteux et plus imprudent, s'écria le premier, que de donner ainsi à nos soldats l'exemple de la discorde! Grâce à notre entente, nous avons pu vaincre des armées ennemies quelque nombreuses qu'elles fussent, car personne ne doute que tout ne soit facile à une armée dont les chefs restent unis, et que la discorde au contraire ne lui fasse perdre toute chance de succès.

« Prenez-y garde, ces soldats vous voyent; ils savent quel résultat peuvent avoir les résolutions de chefs qui ne sont pas d'accord; et si quelque malheur arrive, ils ne pourront s'abstenir de vous en accuser. Au lieu que, si vous le voulez bien, soit que nous partions, soit que nous demeurions, il n'est pas douteux que nous ne puissions encore accomplir de grandes choses. »

La discussion se prolongea longtemps encore. Enfin l'éloquence de Tancrède triompha de leur obstination, et Godefroid le premier se rendit aux prières de ses collègues. Raymond en fit autant.

Pour mieux assurer les guerriers de leurs bonnes dispositions, les deux chefs s'embrassèrent en présence de toute l'armée; ils jurèrent qu'il ne dépendrait plus d'eux que toutes les forces latines ne coururent ensemble les hasards de la guerre. Plus la colère des deux princes avait été terrible, plus leur amitié fut durable dans la suite.

THÈME 176.

Subjonctif après les conjonctions **quo, quin**, **quominus.** — Gantr. 150, 151, 152.

— César IV. — V, 1-42. —

Peu s'en fallut qu'ils ne donnassent à l'instant l'ordre d'attaquer la place, et certes il n'était pas un soldat qui ne fût prêt à faire son devoir. On ne le fit pas, et cette hésitation des chefs eut un résultat fâcheux. Quelques jours après il fallut abandonner le siége commencé. Il n'est point douteux que les avis du comte de Toulouse n'eussent rendu les assiégés plus ardents à se défendre : ils avaient eu le temps de se consulter, et avaient tout disposé pour rendre aux Latins la victoire plus difficile. Godefroid ne put balancer longtemps à retourner à Jérusalem avec toute l'armée.

Déjà la nouvelle de la mémorable victoire d'Ascalon s'était répandue parmi les Chrétiens que Godefroid en partant avait laissés dans la ville sainte, et il leur tardait de revoir leurs frères pour mieux apprendre d'eux ce qui s'était passé.

Lorsqu'ils furent informés par la renommée du retour de l'armée, Pierre l'ermite ne put les empêcher de sortir en foule de la ville pour embrasser les vainqueurs d'Ascalon.

Ils rencontrèrent l'armée latine au moment où la majeure partie des soldats s'engageaient dans une grande vallée à deux milles de la ville. Ils ne balancèrent pas à entourer la colonne et à l'accompagner jusqu'à Jérusalem en chantant des hymnes et en poussant des cris de joie.

Trois jours après le retour de l'armée, la plupart des princes annonçaient qu'il leur tardait de retourner dans leurs foyers.

THÈME 177.

Subjonctif après les conjonctions **quo**, **quin**, **quominus**. — Gautr. 150, 151, 152.

— César IV. — V, 1 - 44. —

« Il ne dépendait plus d'eux, disaient-ils, d'accorder un nouveau délai. Chrétiens et chevaliers ils n'avaient pas refusé à Godefroid de l'aider dans une dernière expédition, surtout alors qu'il s'agissait d'agrandir et de fortifier le nouveau royaume de Palestine. Mais après avoir satisfait à ce devoir de piété et de reconnaissance, il n'y avait plus de raisons pour qu'ils différassent leur départ. »

Quoique Godefroid ne pût se défendre de regretter le départ de tant de braves compagnons d'armes, de tant d'hommes de cœur et d'énergie, cependant il lui répugnait de les détourner de leur dessein. Il ne l'essaya pas, mais il crut en même temps de son devoir de consoler ceux qui demeuraient et de les engager à rester fidèles à la résolution qu'ils avaient prise, de garder avec lui le tombeau du Sauveur.

Un grand nombre de princes avec tous les guerriers qui les avaient suivis, dirent adieu à leurs frères d'armes avec d'autant plus de douleur qu'ils avaient pu plus souvent apprécier leur vaillance et leur piété, à ces autres frères qu'ils avaient trouvés dans les fers de l'esclavage et qu'ils laissaient maintenant libres du joug des Musulmans.

Il n'est pas douteux qu'ils abandonnèrent avec non moins de peine des lieux où ils avaient rempli avec tant de gloire les devoirs de soldats de la croix.

Les uns n'hésitèrent pas à s'embarquer sur la Méditerranée afin d'arriver plus tôt en Europe, et il n'y eut pas un des vaisseaux chargés de soldats qui n'arrivât à bon port.

THÈME 178.

Subjonctif après les conjonctions **quo, quin, quominus**. — Gautr. 150, 151, 152.

— César IV. — V, 1 - 16. —

D'autres, afin de parvenir dans leurs foyers avec plus de sécurité, traversèrent la Syrie, la Bithynie, toutes les contrées enfin que les armées latines avaient soumises et rendues paisibles. Raymond de Toulouse suivit ces derniers jusqu'à Constantinople, où il fut reçu avec égard par l'empereur. Comme il avait juré de ne plus retourner en Europe, et que rien ne pouvait le détourner d'accomplir son serment, il demanda à Alexis la principauté de Laodicée. Ce prince la lui accorda avec d'autant plus d'empressement, qu'il faisait plus de cas du mérite de Raymond, et qu'il avait eu plus souvent l'occasion de reconnaître les bonnes dispositions du comte de Toulouse à son égard.

Plus la guerre avait été longue et pénible, plus grand fut l'enthousiasme qu'excita en Europe le retour des guerriers latins. Partout des foules immenses vinrent à leur rencontre, et on ne pouvait empêcher les gens simples et pieux de se jeter aux pieds des arrivants, de les vénérer comme des saints et des martyrs. Il n'était point de ville où le peuple ne les entourât, ne les forçât à s'arrêter et à raconter ce qu'ils avaient fait, quels dangers ils avaient courus, et cela pour mieux s'assurer de choses que l'on savait déjà depuis longtemps par la renommée. On s'informait surtout auprès d'eux des parents, des amis qu'on avait vus partir sous le même drapeau; et c'étaient des pleurs et des gémissements, quand on apprenait qu'ils avaient trouvé la mort.

THÈME 179.

Subjonctif après les conjonctions **quo**, **quin**, **quominus**. — Gantr. 150, 151, 152

— César IV. — V, 1 - 46. —

Parmi les nombreux guerriers qui, lors des prédications de Pierre l'ermite, n'avaient pas hésité à offrir leur aide pour la guerre sainte, beaucoup avaient renoncé à leur projet et oublié leur promesse, les uns par crainte, d'autres parce que leur zèle s'était refroidi. Aussitôt après le retour des guerriers, le peuple, déjà mal disposé à l'égard de ces hommes, se montra plus indigné que jamais. « N'était-ce pas le fait d'hommes de peu de foi et de peu de courage de se refuser depuis si longtemps à prendre les armes pour la plus sainte des causes. Ils n'avaient eu aucun motif pour ne pas se joindre à ces légions de braves qui allaient réduire la Palestine en leur pouvoir, et il n'était pas douteux qu'ils ne pussent être accusés de lâcheté. Si cependant ils avaient à cœur de ne pas voir s'éteindre leur ancienne renommée militaire, il était de leur intérêt de ne pas hésiter un instant de plus à accomplir leur vœu. »

En même temps les prêtres haranguaient partout la multitude : « Nous n'avons point encore assez fait, s'écriaient-ils, pour la gloire et la sécurité de la religion. Ce n'est pas assez que Jérusalem soit délivrée de la domination musulmane, il faut encore que le tombeau du Christ soit mis à l'abri des agressions de l'ennemi ; et il n'est pas douteux que Godefroid n'ait avec lui trop peu de chevaliers pour résister s'il est attaqué. Que ne prenez-vous les armes, vous tous qui avez assez de forces pour soulever une lance, que n'allez-vous vous joindre aux défenseurs du St.-Sépulcre ? Ah ! n'hésitez plus à partir, mettez au contraire tout votre espoir de salut dans votre promptitude ! Ne craignez pas d'être abandonnés de la Providence ; soyez certains qu'avec l'aide de Dieu il n'est point sur la terre de nations que vous ne puissiez vaincre. »

THÈME 180.

Interrogation indirecte. — Gantr. 155.

— César IV. — V, 1-48. —

On comprend aisément avec quelle ardeur on se disposa partout à une nouvelle guerre. De tous côtés les seigneurs levaient le plus de troupes qu'ils pouvaient. Ceux surtout qui n'avaient point pris part à la première expédition étaient désireux de montrer combien ils avaient honte de leur inaction et comme ils se repentaient de ne pas avoir exécuté leurs promesses. Nous ne savons s'ils obéissaient à ce sentiment seul ou s'ils étaient encore entraînés par d'autres désirs.

Ils avaient entendu dire quelles récompenses de leur courage d'autres princes avaient obtenues dans la guerre précédente, comment Baudouin était devenu comte d'Édesse, Bohémond prince d'Antioche, Godefroid roi de Jérusalem. Nous ignorons s'ils jugeaient que ces petits intérêts dussent être préférés par eux à ceux de la religion ; mais ils pouvaient se demander pourquoi, après avoir travaillé pour la cause chrétienne, ils ne réclameraient point pour eux quelque puissance ou quelque dignité au-delà des mers.

Les premiers qui se mirent en marche furent les Lombards. Une armée de plus de cent mille hommes partit de Milan sous la conduite de l'évêque de cette ville Anselme et d'Albert, comte de Blandrat. Ainsi qu'au commencement de la première expédition, Constantinople avait été choisie comme le lieu où les différents corps d'armée devaient se réunir. On savait en effet par l'expérience des années précédentes que c'était de ce port que le trajet en Asie était le plus court et le plus commode.

THÈME 181.

Interrogation indirecte. — Gantr. 155.

— César IV. — V, 1 - 48. —

On ne se demanda pas non plus s'il était préférable de se rendre par terre ou par mer à Constantinople : le temps aurait manqué pour préparer ou faire venir de pays étrangers tout ce qui était nécessaire pour l'armement des vaisseaux. Les Lombards traversèrent donc la Norique, l'Illyrie et la Mésie.

L'empereur Alexis qui avait été le promoteur de ces guerres lointaines ne savait pas maintenant s'il devait les voir avec inquiétude ou avec joie. Il n'ignorait pas combien de fois et avec quelle gloire les Latins avaient vaincu les Turcs en Asie, comment ils avaient pris et occupaient la ville de Jérusalem, quelle terreur du nom chrétien s'était répandue jusque chez les nations les plus reculées de l'Asie. Nous ne savons s'il ne comprenait pas, ou s'il feignait de ne pas comprendre combien ces exploits des Latins protégeaient pour longtemps les murs de sa capitale contre toute agression des Sarrasins. Une seule chose le touchait, c'est que ces hauts faits n'avaient rien ajouté à sa gloire, ni à sa puissance.

Lorsqu'on lui annonça de quelle ardeur nouvelle

toute l'Europe était animée, combien de princes et de chevaliers n'attendaient que le moment de montrer leur courage, combien d'autres avaient déjà couru aux armes, l'empereur ressentit une violente colère. « Ils se trompent, s'écria-t-il, s'ils espèrent quelque secours d'un prince qui a tant de raisons de se défier d'eux! »

THÈME 182.

Interrogation indirecte. — Gramr. 155.

— César IV. — V, 1-48. —

Alexis apprit bientôt que ce qu'il avait soupçonné était déjà fait. On lui dit comment une armée formidable était en route, d'où elle était partie, quelles contrées elle avait déjà traversées, vers quelle province de son empire elle se dirigeait, comment des députations avaient déjà été envoyées à ceux de ses sujets qui habitaient les bords du Danube, afin qu'ils eussent à préparer tout ce dont les Chrétiens auraient besoin. Il se hâta d'envoyer à ceux qui précédaient l'armée, l'ordre de rebrousser chemin.

« Il ne voulait pas, disait-il, voir se perpétuer cette coutume des armées latines de traverser ses états pour se rendre en Orient. Peu lui importait que les Latins allassent ou non porter la guerre en Palestine; mais il n'oubliait pas avec quelle ingratitude les guerriers des premières armées avaient gardé pour eux toutes les villes dont ils s'étaient emparés et avec quelle audace tous les princes Latins qui régnaient en Asie refusaient de reconnaître sa suprématie. Il ne savait pas du reste pourquoi les Chrétiens ne préféraient pas s'embarquer dans quelque port de la Méditerranée et faire voile pour Joppé ou quelque autre ville maritime voisine de Jérusalem. Quant à lui, il jurait qu'il ne leur livrerait plus passage à travers son empire, et que, s'ils essayaient de passer malgré lui, il saurait bien les en empêcher. »

THÈME 183.

Interrogation indirecte. — Gautr. 155.

— César IV.— V, 1-50. —

Les Lombards savaient combien peu ils avaient à redouter de la colère de l'empereur. Leurs chefs ne délibérèrent même pas s'ils reculeraient ou s'ils avanceraient. Malgré la défense d'Alexis, ils poursuivirent leur route.

Lorsqu'ils furent arrivés devant Constantinople, ils n'aperçurent aucune troupe. Comme ils l'apprirent ensuite, l'empereur qui se tenait caché dans son palais, avait retenu ses gardes auprès de lui. Ne sachant comment empêcher les Latins d'envahir sa capitale, il avait résolu de leur opposer un ennemi d'un nouveau genre.

Regardant la victoire comme assurée, les Lombards ne se demandèrent pas si quelque embûche ne leur était point préparée : ils se hâtèrent d'escalader la première enceinte. A peine les premiers l'avaient-ils franchie, qu'ils virent fondre sur eux une multitude de lions et de léopards que l'on avait déchaînés à dessein. Troublés à l'aspect de ces adversaires d'une espèce nouvelle, les premiers assaillants ne savaient comment leur tenir tête; déjà plusieurs avaient été terrassés, quand d'autres plus nombreux accoururent pour les tirer de ce péril. Tous les lions furent tués à coups de lance ou de javelot. Quant aux léopards, ils s'enfuirent, et grimpant le long des murailles, ils allèrent parcourir la ville jetant partout le désordre et la terreur.

THÈME 184.

Interrogation indirecte. — Gantr. 155.

— César IV. — V, 1 - 50. —

Des pèlerins qui se trouvaient déjà dans la ville, apprenant de quel acte odieux Alexis s'était rendu coupable, coururent aux armes et se dirigèrent vers le palais, résolus à venger sur le prince la mort de leurs compagnons. La nouvelle du combat n'était point encore parvenue à l'empereur, il n'attendait que cela pour tomber sur les vaincus à la tête de ses satellites, et il croyait fermement qu'après avoir remporté cette double victoire, il serait désormais invincible.

On se rappelle avec quelle colère Alexis avait appris l'approche des Lombards, avec quelle hauteur et quelle arrogance il leur avait fait savoir qu'ils eussent à rebrousser chemin. On comprend donc avec quelle honte il fut réduit à accepter les conditions d'un ennemi armé, et à implorer la clémence de ceux qu'il avait tant de fois menacés de sa vengeance. Nous ne savons cependant si son orgueil eut plus à souffrir que son avarice : il n'obtint la vie sauve qu'à la condition d'accorder à l'armée lombarde et à toutes les autres troupes chrétiennes qui la suivraient, la permission d'entrer dans Constantinople et d'y séjourner aussi longtemps qu'il leur plairait. Les vainqueurs déterminèrent ensuite quelle somme Alexis aurait à leur payer, et combien de vaisseaux il aurait à leur fournir pour le passage du Bosphore.

THÈME 185.

Conjonctions qui régissent le **subjonctif.** — Gantr. 157,158.

— César IV. — V, 1 - 50. —

Les Lombards étaient à peine entrés à Constantinople, que déjà ils ne pouvaient contenir leur impatience. Loin de désirer demeurer dans cette ville, ils ne cessaient de prier leurs chefs de donner l'ordre du départ. Enfin après quelques jours de repos, ils s'embarquèrent et allèrent camper près de Nicomédie. C'est là qu'ils furent rejoints par un corps de guerriers teutons et français sous les ordres du connétable Conrad et du duc de Bourgogne. En tout l'armée était forte de deux cent-soixante mille hommes.

Quoique Raymond de Toulouse fût encore animé de sentiments hostiles à l'égard de ceux qui lui avaient préféré Godefroid de Bouillon, cependant lorsqu'il apprit que l'Europe était de nouveau en armes et que de nouvelles troupes avaient passé le Bosphore, il ne voulut point laisser échapper cette occasion de montrer de nouveau son courage et son dévouement à la cause sainte. Il accourut de Laodicée pour offrir aux Chrétiens le secours de son expérience et de ses talents.

Il était à peine arrivé au camp de Nicomédie que

d'un commun accord les chefs de l'armée lui conférent le commandement suprême et la direction de la guerre. Il accepta volontiers et leur promit de les mener sains et saufs à Jérusalem, pourvu qu'ils suivissent la route qu'avait prise la première armée latine. « Il les guiderait, leur disait-il, à travers des contrées soumises et tranquilles; et telle était la terreur du nom chrétien chez les peuples de ces provinces, que pas un ne s'opposerait à leur passage. »

THÈME 186.

Conjonctions qui régissent le **subjonctif.** — Gantr. 157,158.

— César IV. — V, 1-52. —

Bien que ce conseil leur fût donné par un homme en qui ils avaient mis tant de confiance, ces guerriers orgueilleux crurent pouvoir négliger de le suivre. « Ils ne voulaient pas agir, disaient-ils, comme s'ils craignaient de rencontrer l'ennemi sur leur passage. Puisque les pays qu'avaient traversés Godefroid et ses compagnons étaient soumis aux Chrétiens, ils devaient se diriger d'un autre côté pour conquérir de nouvelles terres. Leur dessein devait donc être de gagner la Palestine par la Cappadoce et la Mésopotamie. »

Lorsque les chefs se furent arrêtés à cette résolution, Raymond de Toulouse ne jugea pas à propos de les en détourner, et il eut assez de grandeur d'âme pour ne pas les abandonner. Il resta, non qu'il eût déposé toute appréhension, mais parce qu'il prévoyait que s'il partait, leur témérité les entraînerait plus loin encore et pourrait devenir pour eux et pour la chrétienté la cause des plus grands malheurs.

Les Latins se mirent en route au printemps de l'année 1101, avant que les chaleurs ne vinssent mettre obstacle à leurs projets. Aucune difficulté ne se présenta à eux jusqu'à ce qu'ils fussent arrivés dans les montagnes de la Paphlagonie. Jusqu'alors ils avaient pu se nourrir des provisions qu'ils avaient emportées de Nicomédie, et les Turcs, loin de s'opposer à leur marche, s'étaient constamment tenus cachés dans les forêts comme s'ils avaient craint de ne pouvoir soutenir le choc des Francs.

THÈME 187.

Conjonctions qui régissent le **subjonctif**. — Gantr. 157,138.

— César IV. — V, 1-52. —

Mais à peine l'armée latine se fut-elle engagée dans les défilés de ces montagnes, que les ennemis commencèrent à se montrer. Informés sans doute par leurs espions de ce qui se passait dans l'armée, ils avaient voulu attendre, avant de les attaquer, que les Francs eussent épuisé toutes leurs provisions et fussent entrés dans un pays où les champs avaient été ravagés, les blés coupés, les maisons brûlées. Ils ne s'étaient cependant pas réunis dans ces lieux avec l'intention de venir au devant de l'armée franque et de lui offrir le combat. Quoiqu'ils fussent en nombre suffisant pour livrer bataille, ils se tenaient à quelque distance de la route et observaient la marche de la colonne, et lorsque quelques-uns des Chrétiens s'en éloignaient non pour fourrager ou butiner, mais pour ramasser quelque herbe ou quelque racine sauvage, alors les Turcs sortaient de leurs retraites par des sentiers qui leur étaient bien connus, tombaient sur eux à l'improviste avant qu'ils pussent s'apercevoir de leur présence, les empêchaient de rejoindre leurs compagnons, et les mettaient cruellement à mort. Ils assaillaient également ceux qui escortaient les chariots de vivres, et augmentaient ainsi la crainte de la famine.

Plus la marche de l'armée latine devenait pénible, surtout à cause de la faiblesse du plus grand nombre des soldats, plus l'audace des Musulmans croissait. Ils regardaient les troupes ennemies comme une proie que Mahomet leur avait réservée.

THÈME 188.

Conjonctions qui régissent le **subjonctif**. — Gantr. 157,158.

— César IV. — V, 1-52. —

Enorgueillis par le succès, les Musulmans ne cessèrent plus un seul jour, jusqu'à ce que les Francs eussent quitté ces défilés, de harceler les derrières de l'armée et de mettre à mort tous ceux que la fatigue ou l'épuisement forçait à rester en arrière.

Quand les Latins furent enfin sortis de ces montagnes où ils avaient eu tant à souffrir, Raymond les conduisit dans une vaste plaine où ils aperçurent devant eux une multitude de Turcomans rangés en bataille. Néanmoins, comme l'ennemi était établi à une assez grande distance, le général en chef donna l'ordre de commencer par dresser les tentes dans le lieu le plus avantageux possible ; il avait résolu d'attendre, avant de livrer une grande bataille, jusqu'à ce que les soldats fussent complètement remis de leurs fatigues. Quoique les Latins ne le cédassent point pour la valeur aux Musulmans, ils étaient peu propres, à cause de leur lassitude et de leur épuisement, à se mesurer immédiatement avec eux.

Les Barbares ne manquèrent pas d'habileté :

comme ils étaient de beaucoup supérieurs en nombre à leurs adversaires, ils se mirent à les harceler sans relâche, comme s'ils voulaient les forcer à engager une action générale dans une position désavantageuse. Pendant plusieurs jours que les Musulmans tournèrent ainsi leurs forces contre les troupes de Raymond, l'armée latine, loin de céder, loin de rien faire qui fût indigne d'elle, sut résister vaillamment; pas un soldat n'abandonna son poste.

THÈME 189.

Conjonctions qui régissent le **subjonctif.** — Gantr. 157,158.

— César IV. — V, 1-54. —

Raymond avait fait passer de rang en rang l'ordre de former le cercle et de n'en pas sortir même pour charger l'ennemi. Quoique leur valeur devînt par là inutile, et que serrés comme ils l'étaient, ils ne pussent se garantir des flèches et des javelots lancés de tous côtés par une si grande multitude, les guerriers exécutèrent fidèlement cet ordre.

A la fin Raymond se détermina à livrer à l'ennemi une grande bataille avec toutes ses forces. Comme les Lombards étaient placés au premier rang, on leur donna l'avantage d'engager les premiers l'action. Mais, quoiqu'ils fussent bien plus braves et plus expérimentés que les barbares, ils n'étaient point accoutumés à leur mode de combattre. Ceux-ci en effet, comme il a déjà été dit, se battaient à la manière des Parthes. Après avoir vigoureusement attaqué leurs adversaires, ils pliaient à dessein, et quand par cette retraite simulée ils avaient séparé quelques soldats de leur bataillon, ils revenaient sur eux avec impétuosité, les enveloppaient et les tuaient, avant que leurs compagnons ne pussent venir à leur aide.

Fatigués de cette lutte inégale, les Lombards, au bout de quelques heures, abandonnèrent le champ de bataille. Comme la fin de cet engagement avait eu lieu devant le front du camp et sous les yeux des corps de réserve que Raymond avait fait disposer, on put remarquer que la plupart des Latins, bien qu'ils fussent supérieurs en courage à leurs adversaires, étaient peu propres à cause de la pesanteur de leurs armes à un combat de cette nature.

THÈME 190.

1° **Subjonctif** après les **relatifs**. — Gautr. 156.

2° **Subjonctif** après toutes les **conjonctions** dans le **style indirect**. — Gautr. 15?.

— César IV. — V, 1-54. —

Conrad prit la place des Lombards avec des troupes fraîches de Saxons, de Lorrains, de Teutons et de Bavarois. Les deux partis luttèrent pendant plus de quatre heures avec le plus grand courage. Enfin, accablés par la chaleur, la faim, la fatigue, les Latins cédèrent et se replièrent sur le camp. Les ennemis les poursuivirent aussi loin que leurs forces le leur permirent, et il y eut un grand nombre de Latins qui tombèrent sous le fer des Turcomans.

Raymond, en homme qui sait tout prévoir, se tenait prêt à tout événement. Déjà les Barbares poussaient leur cri de victoire, lorsque les Français et les Bourguignons, conduits par le comte de Toulouse, fondent sur eux avec la plus grande impétuosité. Une lutte plus sérieuse s'engage entre des troupes dignes de se mesurer et capables de résister longtemps. Elle dura depuis le milieu du jour jusqu'à neuf heures, et quand la nuit mit fin au combat et força les deux partis à abandonner le champ de bataille, il n'y avait personne qui pût décider lequel devait être mis au dessus de l'autre, tant la fortune avait balancé entre eux ses faveurs.

Toute l'armée latine était rentrée au camp dans de si tristes dispositions, qu'il n'était personne qui songeât à prendre quelque repos, et que la première partie de la nuit se passa à veiller. Tout-à-coup se répandit une nouvelle de nature à jeter les Chrétiens dans le plus grand trouble.

THÈME 191.

1º **Subjonctif** après les **relatifs**. — Gantr. 156.

2º **Subjonctif** après toutes les **conjonctions** dans le **style indirect**. — Gantr. 153.

— César IV. — V, 1 54. —

On savait déjà que le comte de Toulouse, après avoir soutenu avec peine, pendant quelques heures, le choc des Sarrasins, s'était vu tout-à-coup abandonné d'un grand nombre de ses soldats qui, désespérant de la victoire, avaient mis dans la fuite tout leur espoir de salut; qu'il avait été forcé de sauter à bas de son cheval et que se frayant un passage l'épée à la main à travers les ennemis qui l'enveloppaient, il avait eu le bonheur de s'échapper sain et sauf. On ajoutait maintenant que Raymond avait abandonné l'armée sans retour.

Aussitôt tout le camp se remplit de cris et de gémissements. Comme des gens qui voient tout leur manquer à la fois et qui n'ayant rien prévu, sont forcés de prendre un parti au moment même où il faut agir, on voit tous les Latins s'agiter, courir çà et là : il en est quelques-uns qui s'élancent vers leur tente, pour y prendre ce qu'ils ont de plus précieux ; on en trouve un plus grand nombre qui oublient tout, pour ne songer qu'à la fuite. Ils prennent le premier chemin qui s'offre à eux, ils se jettent hors du camp et se répandent en désordre dans les campagnes, abandonnant les étendards, le peu de vivres qui restaient, les femmes, les enfants, les malades.

Cependant au camp des Sarrasins régnait également le deuil et la consternation. Si quelques-uns d'entre eux mettaient encore leur confiance dans leur courage, il en était un plus grand nombre qui désespéraient de vaincre jamais les Francs, et qui voyaient déjà l'armée musulmane mise en déroute et sa gloire militaire à jamais éteinte.

THÈME 192.

1° **Subjonctif** après les **relatifs.** — Gantr 156.

2° **Subjonctif** après toutes les **conjonctions** dans le **style indirect.** — Gantr. 153.

— César IV. — V, 1-56. —

Ils avaient remarqué que pendant toute la journée les Latins, quoiqu'ils fussent dépourvus de vivres, avaient soutenu vaillamment les attaques réitérées de forces bien supérieures. « Que ne pourraient-ils pas faire, disaient-ils, si comme on l'assurait, des renforts et des approvisionnements leur arrivaient des provinces voisines. Si les Musulmans ne voulaient pas éprouver un terrible échec, ils ne devaient pas agir avec témérité; ils devaient abandonner la place, avant que les ennemis ne fussent en état de les atteindre et de les anéantir »

Cet avis l'emporta enfin, et déjà on avait fait circuler l'ordre de tout disposer pour lever le camp dès l'aube du jour. Mais il se trouva quelques-uns des soldats placés en sentinelle aux portes du camp, qui conjecturèrent au bruit et au mouvement qui se faisaient pendant la nuit, que les Francs venaient d'abandonner leurs tentes, ce qui était certainement l'indice d'un violent désespoir et d'une grande terreur. Cette nouvelle était de nature à diminuer les craintes des uns et à donner plus de confiance aux autres. Ils montèrent aussitôt à cheval et marchèrent en bon ordre vers le camp des Latins; et il n'y eut point un seul des êtres faibles et sans armes qu'ils y trouvèrent, qui put éviter les coups de cette multitude furieuse. Il se trouva en même temps un grand nombre de cavaliers sarrasins qui se répandirent dans les campagnes, pour chasser comme des bêtes fauves les Chrétiens fugitifs. Soixante mille Latins, dit-on, furent pris et tués dans leur fuite. Il n'y en eut pas un qui s'échappa sain et sauf.

THÈME 193.

1° **Subjonctif** après les **relatifs.** — Gantr. 156.

2° **Subjonctif** après toutes les **conjonctions** dans le **style indirect.** — Gantr. 153.

— César IV. — V, 1-56. —

Au commencement de l'été de la même année 1101, il y eut une seconde armée, beaucoup inférieure en nombre à la première, qui, comme celle-ci l'avait fait, passa le Bosphore sous la conduite des comtes de Nevers et de Bourges. Ils suivirent d'abord la route qu'avait prise l'armée lombarde. Mais étonnés de ne recevoir aucune nouvelle de ceux qui les précédaient, ils ne marchaient plus, quand ils approchèrent des montagnes de Paphlagonie, avec la même ardeur qu'auparavant. Ils envoyèrent à la découverte avant de tenter l'aventure, des hommes du pays chargés de s'informer du sort de cette armée. Tous les défilés étant gardés, il n'y eut pas un seul de ces messagers qui put passer. Ils soupçonnèrent alors que quelque grand malheur était arrivé aux troupes du comte de Toulouse ; et, redoutant pour eux-mêmes un sort semblable, ils tournèrent à droite et se dirigèrent vers la ville de Tarse dont ils tentèrent vainement de s'emparer. Repoussés plusieurs fois par les assiégés, ils renoncèrent à l'attaque.

Quoique ce premier échec fût de nature à diminuer leur confiance, ils continuèrent néanmoins à marcher vers la ville d'Héraclée. Ils espéraient pouvoir facilement y remédier à la disette d'eau, dont toute l'armée avait cruellement à souffrir. Il n'était point de jour où vingt à trente hommes ne succombassent à la soif; et la seule chose qui pût encore soutenir le courage des survivants, c'est qu'ils avaient entendu dire que non loin d'Héraclée coulait une rivière dont ils ignoraient le nom, où l'eau était toujours abondante.

THÈME 194.

1° **Subjonctif** après les **relatifs**. — Gantr. 156.

2° **Subjonctif** après toutes les **conjonctions** dans le **style indirect**. — Gantr. 153.

— César IV. — V, 1-57. —

Lorsque après mille peines et mille dangers, ils furent parvenus au pied de la colline qui les séparait d'Héraclée, ils se hâtèrent d'envoyer au sommet de cette colline des éclaireurs chargés de découvrir quelle était la situation de la ville et de quel côté coulait cette eau après laquelle ils aspiraient comme après le festin le plus délicieux. Il n'est rien qui puisse dépeindre quel fut le désappointement de ces hommes, quand, arrivés sur la hauteur, ils n'aperçurent rien que la ville d'Héraclée en proie tout entière à l'incendie.

A cette nouvelle, le plus violent désespoir s'empare de tous les cœurs ; il n'en est point même parmi les plus braves, qui ne sentent leur énergie les abandonner. Ils se couchent sur ce sol brûlant, comme des gens qui voient tout leur manquer à la fois et qui n'attendent que de la mort le terme de leurs maux.

En ce moment une armée nombreuse de Sarrasins se montra; car, en hommes qui ne veulent laisser échapper aucune occasion de succès, ils avaient toujours soin d'arriver quand ils savaient leurs adversaires à demi-vaincus par la maladie, la lassitude ou le découragement. A leur aspect, les guerriers chrétiens reprennent quelque courage ; ils s'élancent sur les arrivants avec la plus grande impétuosité. Mais il n'était pas un seul de leurs adversaires qui ne fût robuste, dispos, fait pour supporter la fatigue. Après quelques heures de combat, le sang-froid fit défaut aux chefs. Le frère du comte de Nevers, qui portait l'étendard de l'armée latine, le jeta au milieu des bataillons ennemis et prit le premier la fuite. Le comte de Nevers en fit autant, et l'on dit qu'ils trouvèrent un asile dans une des villes de la Cilicie.

THÈME 195.

Participes — gérondif — supins. — Gantr. 171 à 182.

— César IV. — V, 1-57. —

Abandonnés de leurs chefs et de la fortune, ne sachant ce qu'il leur restait à faire, écrasés d'ailleurs par le nombre de leurs adversaires, les uns en essayant de prendre la fuite furent tués, d'autres ayant reçu l'ordre de mettre bas les armes éprouvèrent le même sort. Les ennemis entourèrent tous les survivants, les prirent et les emmenèrent en captivité.

Cependant une troisième armée chrétienne composée de Français sous la conduite de Guillaume de Poitou, et d'Allemands commandés par le duc de Bavière, attendait à Constantinople, avec une impatience facile à comprendre, des nouvelles des deux corps de troupes qui l'avaient précédée. N'en recevant aucune, ces guerriers se demandaient ce qu'ils avaient à faire. Devaient-ils, comme leurs devanciers, traverser l'Asie mineure pour courir les mêmes dangers? ou n'était-il pas préférable de s'embarquer pour aller aborder sains et saufs dans quelque port voisin de Jérusalem ? « Il ne faut point agir avec témérité, disaient ceux qui étaient du dernier avis : après avoir expérimenté deux fois par l'exemple des soldats de Raymond et du comte de Nevers, le danger de se confier à ces contrées brûlantes et inconnues, nous ne devons pas tenter les hasards d'une pareille campagne. »

Les autres prétendaient « qu'en s'embarquant ils s'exposeraient à un danger certain pour éviter un péril douteux; qu'ils avaient une coutume léguée par leurs ancêtres, c'était de tenir tête à leurs ennemis quel que fût leur nombre; mais que n'étant pas accoutumés à la navigation, ils redoutaient la tempête plus difficile à vaincre que les Sarrasins. »

THÈME 196.

Participes — gérondif — supins. — Gantr. 171 à 182.

— César IV. — V, 1-57. —

Après une discussion qui se prolongea longtemps, ils ne purent parvenir à s'entendre, et il fut décidé que chacun devait choisir le mode de marche qui lui paraîtrait le plus sûr. Les uns s'embarquèrent, et aucun des vaisseaux qui transportaient ces soldats ne se perdit; tous atteignirent sans encombre le port de Joppé. Les autres, ayant pour chef Guillaume de Poitou, après avoir passé le détroit de St-Georges, apprirent à Nicomédie la défaite et l'extermination des deux premières armées.

A cette nouvelle, l'indignation remplit le cœur de tous les guerriers. En vain leur général, prenant la parole, tâche de les consoler et de les calmer; en vain il leur dit que ces malheurs ayant été causés par la faute et la témérité de leurs devanciers, ils doivent les supporter avec résignation. Tous jurent de venger leurs frères égorgés, et, en réparant ces revers, de ne laisser plus longtemps leur joie aux Barbares ni aux Chrétiens leur douleur.

Cependant la nouvelle de l'approche d'une nouvelle armée ayant été portée aux Sarrasins avec une extrême rapidité, ils attendaient leurs ennemis, rangés en bataille sur les bords de cette même rivière que les soldats de la deuxième armée avaient en vain cherchée. Des deux côtés on se battit avec un acharnement facile à comprendre. Mais bientôt, troublés par la manière de se battre de leurs adversaires, les Latins s'arrêtèrent, puis plièrent, puis enfin prirent la fuite.

Les Turcs les poursuivirent, en atteignirent un grand nombre, qu'ils mirent à mort. Tous ceux qui survécurent, ils les chargèrent de chaînes, et jamais ces malheureux ne revirent leur patrie.

THÈME 197.

Participes — gérondif — supins. — Gantr. 171 à 182.

— César IV. — V, 1-58 et dernier. —

La nouvelle de la défaite et de la mort des quatre cent mille hommes qui composaient ces trois armées, ne fut portée à Jérusalem que l'année suivante. Les habitants de la ville sainte virent alors arriver les débris de ces valeureux bataillons. Quelques chefs suivis de quelques serviteurs, un petit nombre de guerriers et de pèlerins, maigres, à peine vêtus, couverts de cicatrices, voilà tout ce qui en restait. La plupart d'entre eux avaient été recueillis à Antioche par Tancrède qui gouvernait en l'absence de Bohémond, et ce prince les avait dirigés sur la capitale de la Palestine pour accomplir leur pèlerinage. Il faut maintenant que nous racontions quels événements s'étaient passés à Jérusalem pendant cet espace de deux ans.

Après que les principaux chefs de la croisade eurent quitté Jérusalem pour retourner dans leur patrie, quoique avec des forces bien amoindries, (puisque, déchu de l'espoir de commander à cinquante mille hommes, il n'avait plus que cinq ou six cents chevaliers), Godefroid n'en continua pas moins à marcher contre les Sarrasins chaque fois qu'il apprenait qu'ils dévastaient les frontières de son royaume. Grâce au courage de ses guerriers, dans un dénûment absolu de toutes choses, il réussit à enlever aux ennemis et à réduire en son pouvoir presque toutes les places de Palestine.

Quand il vit que beaucoup de ces villes se ralliaient d'elles-mêmes à lui, en attirant à lui une foule de Chrétiens des provinces voisines, en effrayant les uns, en encourageant les autres, il fut bientôt à la tête d'une armée considérable.

THÈME 198.

Participes — gérondif — supins. — Gantr. 171 à 182.

— César IV. — V, 1-58. —

Prenant alors une résolution conforme aux circonstances, après que Tancrède envoyé en expédition se fut emparé de Tibériade et de quelques autres villes, Godefroid entra lui-même en campagne, pour montrer aux Musulmans que les Latins n'avaient rien perdu de leur force. Soit qu'il se dirigeât du côté du Liban, soit qu'il pénétrât dans le nord de l'Arabie, il s'était acquis déjà une telle réputation dans toutes ces contrées, que de tous côtés lui venaient des députations des villes ou des particuliers pour se soumettre, pour reconnaître son autorité, pour solliciter sa protection ou son amitié.

Jérusalem renfermait, outre les guerriers latins, des Grecs, des Arméniens, des Juifs, des Arabes même et une foule de pèlerins venus d'Europe pour expier de grandes fautes. De plus, après la prise d'une ville ou la conquête d'une province, il avait souvent été nécessaire d'en confier le commandement à ceux des principaux officiers qui avaient le plus travaillé au bien de la cause chrétienne. C'était maintenant une chose bien difficile que de maintenir dans le devoir ces hommes différents de mœurs et de langage, tous prompts à changer de résolution, tous aspirant à l'indépendance. Godefroid de Bouillon jugea donc nécessaire de donner à ses sujets des lois propres à établir ce que les simples citoyens devaient à leurs princes et ceux-ci à leur souverain, et quels étaient les droits des uns et des autres.

THÈME 199.

Participes — gérondif — supins. — Gantr. 171 à 182.

— César IV. — V, 1-58. —

Après avoir inauguré solennellement les nouvelles lois (*) en présence de son frère Baudouin comte d'Édesse et de Bohémond prince d'Antioche, qui, accompagnés d'une foule de pèlerins, étaient

(*) Les assises de Jérusalem.

venus passer l'hiver à Jérusalem, le printemps arrivé et ses hôtes partis, Godefroid reprit le cours de ses exploits.

Il assiégeait la ville maritime de Caïphas, et comme l'ennemi résistait avec plus d'opiniâtreté qu'on n'eût pu s'y attendre, il avait ordonné de préparer pendant la nuit, à l'insu des assiégés, toutes les machines de guerre dont on avait besoin pour livrer l'assaut. Lui-même, quoiqu'il fût malade depuis quelques jours, il ne se donnait pas un moment de repos, malgré les prières de ses amis et de ses guerriers qui le conjuraient de s'épargner.

Tout était prêt, et déjà, au moment de donner le signal de l'attaque, il exhortait ses soldats à montrer leur ancien courage, lorsque, saisi d'un mal subit, il tomba sur le sol privé de connaissance. Aussitôt abandonnant les travaux du siége, les soldats accoururent et le portèrent dans sa tente. L'assaut général fut remis à un autre jour; on n'entendait dans tout le camp que des plaintes et des lamentations.

Après avoir remis à Tancrède le commandement suprême, et la direction du siége, Godefroid le lendemain se fit transporter à Jérusalem. Il y expira le 17 juillet 1100, après avoir reçu la nouvelle de la prise de la ville.

THÈME 200.

Participes — gérondif — supins. — Gantr. 171 à 182.

— César IV — V, 1-58. —

Après la mort de Godefroid, deux partis divisèrent les Chrétiens. Le patriarche de Jérusalem prétendait que d'après la volonté même du roi défunt, l'Église seule devait lui succéder. D'autres préféraient que la charge de garder les saints lieux restât confiée à un membre de la famille du duc de Lorraine, et proposaient en conséquence de déférer la couronne au comte d'Édesse. L'avis de ces derniers ayant enfin prévalu, les autres donnèrent leur assentiment, et Baudouin, en recevant la nouvelle de la mort de son frère, apprit en même temps qu'il avait été élu à sa place.

En cette circonstance, la Providence parut encore sanctionner les desseins des hommes. Si au commencement de la guerre nous avons vu Baudouin s'appliquer au soin de sa propre gloire en négligeant les intérêts de l'armée; établi sur le trône de Jérusalem, nous le voyons montrer un zèle admirable pour la cause de la religion et le bien-être de son peuple. Il s'appliqua à continuer l'œuvre de son frère. Sous son règne, Assur, Césarée, Ptolémaïs, Tripoli, Sidon, d'autres places encore tombèrent au pouvoir des Latins.

Mais après lui, les Sarrasins se montrèrent plus entreprenants. Déjà les Chrétiens les avaient vus s'attaquer à Bohémond, le prendre et le retenir dans les fers. Plus tard, ils reprirent la ville d'Édesse et la détruisirent. Encouragés par ces succès, ils menacèrent bientôt les Chrétiens dans toutes leurs conquêtes, et une deuxième croisade devint nécessaire.

FIN.

LISTE ALPHABÉTIQUE

DES

NOMS PROPRES.

A.

Accien, ACCIANUS, *i*.
Adhémar, ADHEMAR, *is*.
Adrien, ADRIANUS, *i*.
Afdal, AFDAL, *is*.
l'Afrique, AFRICA, *ae*.
d'Afrique, AFRICUS, *a, um*.
Albarée, ALBAREA, *ae*.
Albert, ALBERTUS, *i*.
Alexis, ALEXIS, *i*.
Ali, ALI (*indécl.*)
l'Allemagne, GERMANIA, *ae*.
d'Allemagne, GERMANICUS, *a, um*.
Allemand, GERMANUS, *i*.
les Alpes, ALPES, *ium*.
Ancras, ANCRAS, *ae*.
Anglais, ANGLUS, BRITANNUS, *i*.
l'Angleterre, ANGLIA, BRITANNIA, *ae*.
d'Angleterre, ANGLICUS, BRITANNICUS, *a, um*.
Antioche, ANTIOCHIA, *ae*.
d'Antioche, ANTIOCHENUS, *i*.
Antiochette, ANTIOCHIOLA, *ae*.
Anselme, ANSELMUS, *i*.
Arabe, ARABS, *bis*.
l'Arabie, ARABIA, *ae*.
d'Arabie, ARABICUS, *a, um*.
Archas, ARCHAS, *ae*.
l'Arménie, ARMENIA, *ae*.
Arménien, ARMENIUS, *i*.
Arnould, ARNOLDUS, *i*.
Artésie, ARTESIA, *ae*.
Ascalon, ASCALON, *onis*.
l'Asie, ASIA, *ae*.
d'Asie, ASIATICUS, *a, um*.
l'Asie mineure, ASIA MINOR, *is*.
l'Assyrie, ASSYRIA, *ae*.
d'Assyrie, ASSYRIUS, *a, um*.
Autriche, AUSTRIA, *ae*.

B.

Baudouin, BALDUINUS, *i*.
la Bavière, BAVARIA, *ae*.
de Bavière, BAVARICUS, *a, um*.
Bavarois, BAVARUS, *i*.
Belgrade, BELGRADUM, *i*.
Bethléem, BETHLEEM (*indécl.*)
la Bithynie, BITHYNIA, *ae*.
de Blandrat, BLANDRATENSIS.
Blois, BLESAE, *arum*.
de Blois, BLESENSIS, *e*.
Bohémond, BOHEMUNDUS, *i*.
le Bosphore, BOSPHORUS, *i*.
Bouillon, BULLIONUM, *i*.
de Bouillon, BULLIONENSIS, *e*.
Bourges, BITURIGUM, AVARICUM, *i*.

de Bourges, BITURIGUS, AVARICUS, *a, um.*
la Bourgogne, BURGUNDIA, BURGUNDIA ÆDUORUM.
Bourguignon, BURGUNDIO, *onis.*
Brennus, BRENNUS, *i.*
Bulgare, BULGARUS, *i.*
la Bulgarie, BULGARIA, *ae.*
de Bulgarie, BULGARUS, *i.*
Byzance, BYZANTIUM, *i.*
de Byzance, BYZANTIUS, BYZANTINUS, *a, um.*

C.

la Calabre, CALABRIA, *ae.*
Calife, IMPERATOR, *is.*
le Calvaire, CALVARIUS MONS, *tis.*
la Cappadoce, CAPPADOCIA, *ae.*
Carthage, CARTHAGO, *inis.*
la Cilicie, CILICIA, *ae.*
Clermont, CLAROMONTIUM, *i.*
de Clermont, CLAROMONTANUS, *a, um.*
Caïphas, CAÏPHAS, *ae.*
Césarée, CÆSAREA, *ae.*
Conrad, CONRADUS. *i.*
Constantin, CONSTANTINUS, *i.*
Constantinople, CONSTANTINOPOLIS, *is.*
de Constantinople, CONSTANTINOPOLITANUS, *a, um.*
Canal de Constantinople, CONSTANTINOPOLITANUM FRETUM, *i.*

D.

Dalmate. DALMATA, *ae.*
la Dalmatie, DALMATIA, *ae.*
de Dalmatie, DALMATICUS, *a, um.*
Damas, DAMASCUS, *i.*
le Danube, DANUBIUS, *i.*
Dorylée, DORYLÆA, *ae.*

E.

Édesse, EDESSA, *ae.*
d'Édesse, EDESSENSIS, *e.*
Édessénien, EDESSENUS, *i.*
l'Égypte, ÆGYPTUS, *i.*
d'Égypte, ÆGYPTIACUS, *a, um.*
Égyptien, ÆGYPTIUS, *i.*
Émir, PRÆFECTUS, LEGATUS, *i.*
Ermite (Pierre l'), EREMITA, *ae.*
l'Espagne, HISPANIA, *ae.*
d'Espagne, HISPANICUS, *a, um.*
Espagnol, HISPANUS, *i.*
l'Éthiopie, ÆTHIOPIA, *ae.*
d'Éthiopie, ÆTHIOPICUS, *a, um.*
Éthiopien, ÆTHIOPS, *opis.*
Étienne, STEPHANUS, *i.*
l'Euphrate, EUPHRATES, *is.*
l'Europe, EUROPA, *ae.*
d'Europe, EUROPÆUS, *a, um.*
Eustache, EUSTACHIUS, *i.*
Euxin (le Pont) PONTUS EUXINUS, *i.*

F.

Flamand, FLANDER, *ri.*
la Flandre, FLANDRIA, *ae.*
de Flandre, FLANDRICUS, *a, um.*
Franc, FRANCUS, *i.*
Français, FRANCUS, GALLUS, *i.*
la France, FRANCIA, GALLIA, *ae.*
de France, FRANCICUS, GALLICUS, *a, um.*

G.

Gadès (le détroit de), GADITANUM FRETUM, *i.*
la Gaule, GALLIA, *ae.*

de Gaule, GALLICUS, *a*, *um*.
Gaulois, GALLUS, *i*.
Gauthier, GALTERIUS, *i*.
Gênes, GENUA *ae*.
Génois, GENUENSIS, *is*.
Georges, GEORGIUS, *i*.
Godefroid, GODEFRIDUS, *i*.
Grec, GRÆCUS, *i*.
la Grèce, GRÆCIA, *ae*.
de Grèce, GRÆCUS, *a*, *um*.
Guillaume, GUILELMUS, *i*.

H.

Halys, HALYS, *os*.
Hébreu, HEBRÆUS, *i*.
Héraclée, HERACLÆA, *ae*.
Héraclius, HERACLIUS, *i*.
Hérode, HERODES, *is*.
la Hongrie, HUNGARIA, *ae*.
de Hongrie, HUNGARICUS, *a*,*um*.
Hongrois, HUNGARUS, *i*.
Hugues, HUGUS, *i*.

J. K.

Jérusalem, JEROSOLYMA, HIEROSOLYMA, *ae*. HIEROSOLYMA, *orum*. JERUSALEM (*indécl.*)
de Jérusalem, JEROSOLYMITANUS, HIEROSOLYMITANUS, *a*, *um*.
Joppé, JOPPE, *es*.
la Judée, JUDEA, *ae*.
de Judée, JUDAICUS, *a*, *um*.
Juif, JUDÆUS, *i*.
Kerbogâ, CERBOGA, *ae*.

L.

Laodicée, LAODICEA, *ae*.
le Liban, LIBANUS, *i*.
Lombard, LONGOBARDUS, *i*.
la Lombardie, LONGOBARDIA, *ae*.
Lorrain, LOTHARINGUS, *i*.
la Lorraine, LOTHARINGIA, *ae*.
de Lorraine, LOTHARINGUS, *a*, *um*.
la Lycaonie, LYCAONIA, *ae*.
Lydda, LYDDA, *ae*.
Lyon, LUGDUNUM, *i*.
de Lyon, LUGDUNENSIS, *e*.

M.

Mahomet, MAHUMETUS, *i*
Mahométan, MAHUMETANUS, *i*.
Malmistra, MALMISTRA, *ae*.
Marésie, MARESIA, *ae*.
la Méditerrannée, MEDITERRANEUM MARE, *is*.
la Mésie, MÆSIA, *ae*.
la Mésopotamie, MESOPOTAMIA, *ae*.
la Meuse, MOSA, *ae*.
Milan, MEDIOLANUM, *i*.
la Morava, MORAVA, *ae*.
la Moselle, MOSELLA, *ae*.
Musulman, MAHUMETI SECTATOR, *is*, MAHOMETANUS, *i*.

N.

Nevers, NIVERNUM, *i*.
de Nevers, NIVERNENSIS, *e*.
Nicée, NICÆA, *ae*.
Nicomédie, NICOMEDIA, *ae*.
Nil, NILUS, *i*.
Nissa, NISSA, *ae*.
la Norique, NORICA, *ae*.
Normand, NORMANNUS. *i*,
la Normandie, NORMANNIA, *ae*.

O.

l'Occident, OCCIDENS, *tis*.
d'Occident, occidental, OCCIDENTALIS, *e*.
l'Orient, ORIENS, *tis*.
Oriental, d'Orient, ORIENTALIS, *e*.
l'Oronte, ORONTES, *is*.

P.

la Palestine, PALÆSTINA, *ae*.
de Palestine, PALÆSTINUS, *a*, *um*,
la Paphlagonie, PAPHLAGONIA, *ae*.
Parthus, PARTHUS, *i*.
Persan, Perse, PERSA, *ae*.
la Perse, PERSIS, *idis*.
de Perse, PERSICUS, *a*, *um*.
la Phénicie, PHOENICE, *es*, PHOENICIA, *ae*.
de Phénicie, PHOENICIUS, *a*, *um*.
Philippe, PHILIPPUS. *i*.
Phiroüs, PHIROÜS, *i*.
la Phrygie, PHRYGIA, *ae*.
la Phrygie brûlée, PHRYGIA TORRIDA, *ae*.
de Phrygie, PHRYGIUS, *a*, *um*.
les Phrygiens, PHRYGES, *um*.
Pierre l'ermite, PETRUS EREMITA, *ae*.
Pisan, PISANUS, *i*.
Pise, PISÆ, *arum*.
de Pise, PISANUS, *a*, *um*.
la Pisidie, PISIDIA, *ae*.
Poitevin, PICTO, *onis*.
le Poitou, PICTONICUS AGER, *i*.
du Poitou, PICTONICUS, *a*, *um*.
le Pont euxin, PONTUS EUXINUS.
la Pouille, APULIA, *ae*.
la Propontide, PROPONTIS, *idis*.
Provençal, PROVINCIALIS, *is*.
la Provence, PROVINCIA, *ae*.
de Provence, PROVINCIALIS, *e*.
Ptolémaïs, PTOLEMAIS.

R.

Ramla, RAMLA, *ae*,
Raymond, RAYMUNDUS, *i*.
le Rhin, RHENUS, *i*.
le Rhône, RHODANUS, *i*.
Robert, ROBERTUS, *i*.
Rome, ROMA, *ae*.

S.

Samosate, SAMOSATA, *ae*.
Sarrasin, SARRACENUS, *i*.
Saxon, SAXO, *onis*.
la Sicile, SICILIA, *ae*.
Sidon, SIDO, *onis*.
Simeon, SIMEO, *onis*.
Sion, SION (*indécl.*)
Sorrec, SORREC (*indécl.*)
Sultan, IMPERATOR, *is*.
la Syrie, SYRIA, *ae*.
de Syrie, SYRIUS, *a*, *um*.
Syrien, SYRIUS, *i*.

T.

Tancrède, TANCREDUS, *i*.
Tarente, TARENTUM, *i*.
de Tarente, TARENTINUS, *a*, *um*.
Tarse, TARSOS, TARSUS, *i*.
de Tarse, TARSENSIS, *e*.
le Taurus, TAURUS, *i*.
Teuton, TEUTO, *onis*.
la Thrace, THRACIA, *ae*.

de Thrace, THRACIUS, *a*, *um*.
Thymbrius, THYMBRIUS, *i*.
Tibériade, TIBERIAS, *dis*.
le Tigre, TIGRIS, *is*.
Toulouse, TOLOSA, *ae*.
de Toulouse, TOLOSANUS, *a*, *um*.
Tripoli, TRIPOLIS, *is*.
Troie, TROJA, *ae*.
Turc, TURCA, *ae*.
Turcoman, TURCOMANNUS, *i*.
la Turquie, TURCARUM IMPERIUM, *i*.
de Turquie, TURCICUS, *a*, *um*.
Tyr, TYRUS, *i*.

U.

Ulysse, ULYSSES, ULIXES, *is*.
Urbain, URBANUS, *i*.

V.

Vassal, CLIENS, *entis*.
le Vermandois, VEROMANDUI, *orum*.

H. DESSAIN, EDITEUR, A LIÈGE.

COLLECTION BELGE

DES

CLASSIQUES GRECS, LATINS & [illegible]

à l'usage

DE L'ENSEIGNEMENT [illegible]

Éditions très soignées, beau papier, en caractères [illegible]

Format du présent [illegible]

Sous presse pour paraître [illegible]

DE VIRIS ILLUSTRIBUS [illegible] AUGUSTUM, d'après la révision du professeur [illegible] Stuttgard, par Mr A. Alvin, préfet [illegible] royal de Liège.

CORNELIUS NEPOS, texte latin, revu [illegible] Mr L. Roersch, professeur à l'Athénée [illegible]